图 1-1-2

图 1-1-5

图 1-1-6

图 1-1-7

图 1-1-8

图 1-1-10

图 1-2-1

图 1-2-4

图 1-2-8

图 1-2-11

图 1-2-13

图 2-1-3

图 2-1-17

图 2-1-19

图 3-1-1

图 3-1-21

图 3-2-1

图 3-2-2

图 3-2-3

图 3-2-4

图 3-2-6

图 3-2-7

图 3-2-8

图 3-2-10

图 3-2-11

图 3-2-13

图 3-2-15

图 3-2-18

图 3-2-19

图 3-2-20

图 4-2-1

图 4-2-3

图 4-2-4

图 4-2-5

图 4-2-6

图 4-2-7

图 4-2-8

图 4-2-9

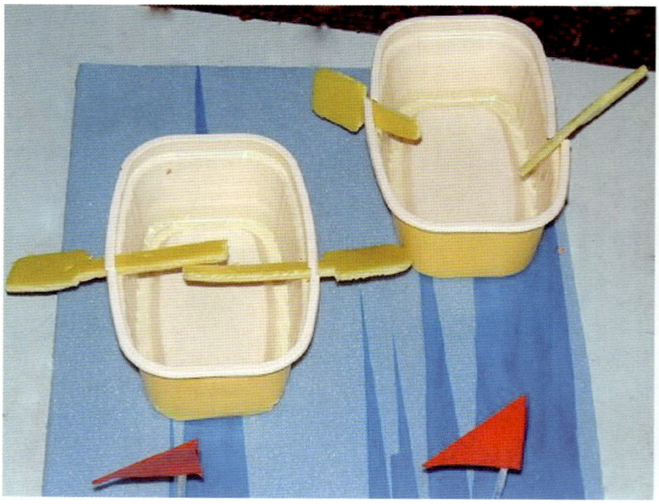

图 4-2-10

图 4-3-3

图 4-3-4

图 4-3-5

图 4-3-6

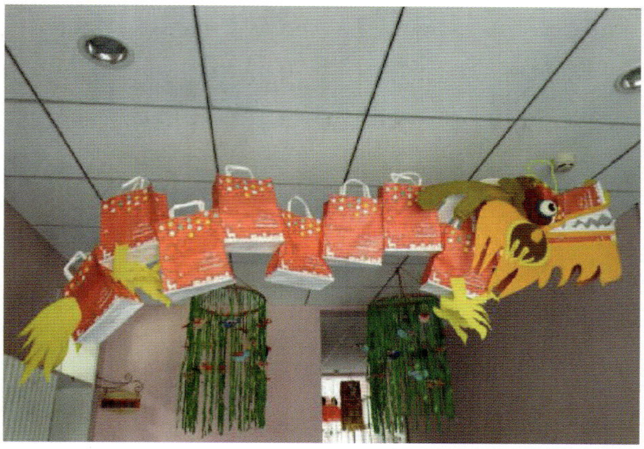

图 4-3-7

图 5-1-1

图 5-2-11

图 5-2-15

图 5-2-16

图 5-2-28

图 5-2-30

图 5-2-32

图 5-2-33

图 5-2-36

图 5-2-37

图 5-2-38

图 5-3-5

图 6-1-2

图 6-1-3

图 6-2-2

图 6-2-3

图 6-2-5

图 6-2-6

图 6-3-1

图 6-3-2

图 6-3-3

图 6-3-4

图 6-3-5

京师学前

| 学前教师教育系列教材 |

幼儿美术教育与活动指导 第2版

主　编：王　麒　侯素雯
副主编：陈雪林　刘　洋　薛　娟
参　编：吴　宁　李文菊　董　雯　刘大林
梁　英　姜楠楠　彭朝风

YOU'ER MEISHU JIAOYU YU HUODONG ZHIDAO

北京师范大学出版集团
BEIJING NORMAL UNIVERSITY PUBLISHING GROUP
北京师范大学出版社

图书在版编目(CIP)数据

幼儿美术教育与活动指导 / 王麒，侯素雯主编．--2 版．—北京：北京师范大学出版社，2021.8(2023.8 重印)
ISBN 978-7-303-26987-7

Ⅰ.①幼… Ⅱ.①王 ②侯… Ⅲ.①学前教育—美术教育—幼儿师范学校—教材 Ⅳ.①G613.6

中国版本图书馆 CIP 数据核字(2021)第 092318 号

教材意见反馈 gaozhifk@bnupg.com 010-58805079
营销中心电话 010-58802755 58800035

出版发行：北京师范大学出版社 www.bnupg.com
北京市西城区新街口外大街 12-3 号
邮政编码：100088
印　　刷：天津中印联印务有限公司
经　　销：全国新华书店
开　　本：787 mm×1092 mm 1/16
印　　张：10.5
插　　页：9
字　　数：190 千字
版　　次：2021 年 8 月第 2 版
印　　次：2023 年 8 月第 11 次印刷
定　　价：38.80 元

策划编辑：张丽娟 刘晟蓝　　责任编辑：赵雯婧 冯祥君
美术编辑：陈 涛 焦 丽　　装帧设计：陈 涛 焦 丽
责任校对：陈 民　　责任印制：马 洁

前　言

本书是学前教师教育系列教材编写委员会和北京师范大学出版社，联合组织全国多所学前专业院校一线同人合作完成的教材。老师们在编写中充分学习和遵循《3～6岁儿童学习与发展指南》《幼儿园教师资格考试大纲》《幼儿园工作规程》等文件的精神，力求为同学们奉上既饱含幼儿美术教育专业精神，又充分体现职业核心能力与职业资格要求的参学教材。本教材在框架结构和设计上具有立体性和丰富性的特点，每一单元都配有思维导图，正文中不仅包含丰富的案例，也配备了相关练习试题，为大家学习和备考做了充分的准备。

幼儿美术教学作为幼儿园教学的重要组成，也经历了一个从教师主导到以幼儿为主的转变过程。专业教材的编写也从以专业技法、教学程序为主，转变为更多从理解孩子的发展、尊重孩子的生活体验为出发点。希望通过这门课的学习，学习者能够学会尊重并欣赏幼儿美术创作，进而爱上幼儿美术教学，在发掘和开展好各类型审美与创造活动的同时，获得育人的快乐和幸福感。

幼儿美术教育与活动的开展，要在理解尊重幼儿、了解幼儿美术能力发展的基础上，设计出既有审美性又有趣味性的美术活动，培养幼儿的审美素养。本书的学习内容里面有一些是需要去了解、记忆的基础知识；更多的是要去操作和体验的创造性实训活动任务。学习者要在实践过程中不断体悟和反思，通过一点一滴的积累最终形成自己的专业能力。

本教材在原北京师范大学出版社出版的《幼儿美术教育》一书的基础上修订而成。本书由天津师范大学王麒和上海行健职业学院侯素雯主编，具体编写分工如下：绪论、第一单元、第五单元、第六单元由天津师范大学王麒编写；第二单元由上海行健职业学院侯素雯，天津师范大学王麒、吴宁编写；第三单元第一讲、第四单元第一讲、第五单元第一讲由聊城幼儿师范学校薛娟编写；第三单元第二讲、第三讲由合肥幼儿师范高等专科学校陈雪林，贵阳幼儿师范高等专科学校李文菊、董雯，保定幼儿师范高等专科学校刘大林编写；第四单元第二讲、第三讲由长沙师范学院刘洋、湖南幼儿师范高等专科学校梁英、阜阳幼儿师范高等专科学校姜楠楠、铜仁幼儿师范高等专科学校彭朝风编写。本教材的配套视频录制由天津师范大学学前教育学院付胤、付昂，合肥幼儿师范高等专科学校陈雪林、天津大学幼儿园牛众卉、保定幼儿师范高等专科学校刘大林负责。王麒负责教材的文本和配套视频的统稿工作，侯素雯负责组织教师资格证考试配套练习试题的编写工作。所有的参编老师都为此教材的编写付出了自己的辛勤努力，在此特别感谢大家的倾力合作！有多位优秀的一线幼儿教师提供了诸多生动的插图案例，我们都在书中一一注明，在此表示真诚的感谢！

本教材的编写，更多基于一线教师的实践积累，偏重教学实践，理论深度有限；内容受篇幅影响，也并非面面俱到。本教材作为教学参考的意义更多一些。在这里我们更希望为大家提供一个可以实践的教学平台，让会教会学的老师和同学们，能在真实情境的学习和教研中对本学科不断反思、不断积累，获得专业能力。也希望大家在教材的使用中，给予我们宝贵的建议，期待大家和我们的教材一起成长！最后，希望我们的努力能为正在进行专业学习的学生提供一定的帮助！

编　者

2021 年 6 月

目　　录

CONTENTS

▶绪论

——幼儿美术教育关键问题解读

幼儿对各种事物的认识是从感性开始的，幼儿的思维特点也是直觉行动和具体形象的，而美术正是以直觉的视觉形象和物质操作为特点，是孩子们认识和探索世界的早期方式和恰当途径。因此，美术活动成为所有幼儿教育工作者必然选择的重要的教育内容和教育途径之一。学好这门功课，会帮助我们更科学、更艺术、更快乐地开展幼儿教育工作。

一、关于学科的组成 ●●●

作为学习者，我们首先应该对幼儿美术教育，有一个较为明确的理解和认识。幼儿美术教育是以美术学、幼儿教育学、幼儿心理学等学科为基础，对幼儿美术教育的理论研究和实践经验进行归纳、概括、结合的教育。实际上是由美术学科知识、教育学科理论、幼儿阶段发展特点这三个相对独立的范畴相互结合而成的学前教育应用学科。

对于即将从事幼儿美术教育的教师来说，只有在这三个方面都有较丰富的学识修养，才能更好地完成这项教育任务，才能运用美术学科的丰富内容，促进幼儿的健康成长，为培养真、善、美和知、情、意和谐发展的健康可爱的人，奠定良好的基础。

(一)美术

美术以具体的形象或造型呈现在人们的面前，所以也叫造型艺术。形式各异的绘画、雕塑、建筑、工艺、设计记录着人类对美的追求和审美经验嬗变的历史，记录着人类精神世界的成长和对真善美的阐释。无数经典之作，组成了丰富、美丽、绚丽斑斓的美术世界，成为人类文化的重要载体。

虽然人类的美术活动可追溯到远古，但这个词最早是出现在 17、18 世纪的欧洲，那时人们把能够通过具体造型活动表现审美意识和审美观念的技术如绘画、雕塑、建筑、工艺等归纳为一个范畴，统称为美术。这个词有两个基本的内涵：一个是“美”一个是“术”，所以对美术的基本理解要建立在这两个基本点上：一是个审美，它包含着超越现实的理想化秩序的精神活动，另一个是造型，即实现和创造有着形象外观和表现形式的技术性操作实践活动。审美和造型——精神和物质形式，这两点缺一不可。

美术以各种不同的形态渗透于我们生活的方方面面，从庞大的建筑到小巧的饰品，从园林景致到工艺造型。随着科学技术的发展，尤其是摄影、计算机、传媒等技术的发展，美术的外延不断扩大，当代的美术也叫“视觉艺术”。

对美术世界我们可以讨论、学习和研究的内容非常多，它们从不同的角度共同构成了我们对美术的理解。如对各种美术语言、要素的理解和认知；对美术的组成，即类别划分的研究与梳理；对各种类型美术活动的实践性学习与创作；对美术史的学习；对美术经典作品的欣赏与美学评价。所有这些，都从不同的角度丰富我们的心灵成长，在学习了解的过程中滋养我们的精神世界，并促使我们逐渐形成对这个世界独特的审美认知和审美理想。

对美术学科相关内容的学习与掌握，将逐渐转化为教师自身的美术修养。正是这些技能、修养，支持幼儿教师为幼儿选择学习内容，设计合理的美术培养方案，是支持幼儿教师组织幼儿美术活动所必需的。因此，无论是关于美术的形式，还是相关的技巧，都应该成为幼儿教师们重要的学习内容。

(二)教育

教育是指有目的、有计划地对人的身心施加影响，并促进人向社会要求的方向发展的一种社会实践活动。作为一名教师，对教育这个概念的理解，对育人目标、育人方法、育人态度等各方面知识的追求、探索与掌握，会直接影响幼儿美术教育的形态与效果。

可以说教育既是一门学问，又是一种动态的实践活动。不同的时代、不同的教师、不同的教育对象、不同的环境条件…… 教育的内容、方法千差万别，在幼儿教育领域也是如此。所谓“教无定法，贵在得法”，就是说教学没有固定的方法，找到合适的方法最为可贵。只要是能促进教育对象全面健康发展的教育，就是成功、合理的教育。

纵观教育发展的历史，多少有识之士，促成了丰硕的教育实践成果，也积累了大量的教育实践经验。作为教师我们要从大量的成果中学习与借鉴，形成属于我们个人的并适合于当下的教育风格。在古希腊哲学中，艺术的定义是把一件事做好的学问，那么成功的教育本身也可以成为一门艺术。孔子的因材施教，卢梭的自然育人，杜威的生活教育等都是实践育人真理的最好诠释。

因此，重视对教育学科各种理念的学习，并在育人实践活动中不断地尝试与反思，是幼儿教师做好幼儿美术教育活动的关键。

(三)幼儿

在幼儿美术教育中，幼儿就是我们有目的、有计划地对其身心施加影响，并促进其健康成长的教育对象。因此，我们对幼儿的生理、心理发展状况与需求，要有一个科学的、全面的了解与认识。

具体到学科，首先，通过学习，认识到美术在幼儿个体成长中的意义，了解它能从哪些方面促进幼儿的健康成长，从而更合理地选择、安排美术教育内容，丰富幼儿的生活，促进幼儿的发展。

其次，要关注在学前阶段，儿童美术能力发展的阶段性特点。在不同的年龄阶段，幼儿在美术能力上所反映出的认知、操作、表达等方面都具有各自的典型特征。例如，幼儿在绘画活动中的许多表达符号和成年人的理性认知就很难对接，在技能操作上也由于身心发育的不成熟，不能达到成人审美的理想状态。幼儿教师要认真地学习与实践，积累经验，掌握方法，从而能够理解、解读儿童美术表达的内容、传达的感受，给予相应的帮助与指导。

因此，只有充分了解我们的教育对象——幼儿，在身心发展方面的各种特点，尤其是幼儿的感知、记忆、思维、想象和情感的发展特点，以及模仿和创造能力的发展特点等，其美术能力和身心发展的对应关系，才能更好地完成幼儿美术教育工作。

当我们把这门学科中三个具体方面——美术、教育、幼儿，分析清楚之后，也就明确了学习与努力的方向。本学科将对这三个方面进行有机地整合，最终将幼儿美术教育作为认知的整体来进行学习。

二、关于学习的内容与进程 ●●●

对于幼儿美术教育这个经过整合的整体学科来说，我们具体要从哪儿方面来进行学习呢？

第一单元：了解美术对幼儿发展的意义，并初步感性地认知幼儿美术作品及美术活动。从感性接触开始了解学科意义，尽快地熟悉教育对象，带着疑问与期待，开始幼儿美术教育的探究旅程。

学习与了解作为一名幼儿教师，应掌握的幼儿美术教育方面的相关理论。从宏观的背景，了解国家、社会对幼儿发展方向的要求，学习掌握幼儿美术教育的目标与原则、开展途径与方式等相关理论，让自己能从较为宏观的角度，用较为理性的态度，面对所要完成的教育任务。

第二单元：了解并学习幼儿美术活动设计与实施的基本流程，从方案撰写、课堂实施(说课、模拟、教研、评价)等环节中，熟悉并初步掌握幼儿美术活动设计开展的基本方法与技巧，学会理性地评价美术活动设计与实施的效果。

第三、第四、第五单元：学习当前幼儿美术教育的主要内容与经验，能在此基础上独立设计实施幼儿美术活动。幼儿美术教育活动的主要内容包括绘画活动、手工活动、美术欣赏活动，在这几项活动中，以往的幼儿教师已经积累了相当丰富的实践经验。通过对这些宝贵经验的学习，新教师可以顺利地找到实践练习的切入点。每一项内容的学习都由三部分组成：幼儿的发展特点与指导建议，各类型内容案例，相关活动设计与课堂具体实施。

第六单元：进一步对幼儿美术活动与作品，在幼儿生活与教育活动中的各种延伸与案例进行了解和学习，丰富幼儿美术教师的教育经验，为今后的反思与应用奠定基础。还可以利用幼儿园实习机会，设计实施具体的幼儿美术教育活动，获得相关的幼儿美术教育经验，尝试完成教育案例与经验反思。

按照这样的学习进程，从对幼儿美术的感性了解，到相关理论知识的学习，从对幼儿教师们已有经验的了解，到自我反思、评价，再通过实践的证明和检验，会逐渐形成一个相对完整的实践——理论——实践的良性循环体系。

三、关于学科教育观念的建议 ●●●

在本学科的学习中，最重要的，也是每一位教师应该从一开始就需要明确的，是树立正确的幼儿美术教育观。在开始具体的专业学习之前，此处先给大家提供一些相关的建议。

(一)育人为先

幼儿美术教育首先是对儿童进行美育。美术教育和美育是相近又有区别的两个概念。美育即审美教育，是通过美的观念和自然、社会、艺术等对人进行教育的活动，目的是建构个体的审美心理结构，培养受教育者对美的感受、欣赏和创造的能力。

在古希腊，柏拉图主张通过美和艺术使儿童“不知不觉地从小就培养起融美于心灵的习惯”；在我国古代，孔子主张的“诗教”“乐教”也是美育；18 世纪德国的席勒在《审美教育书简》中首次使用“审美教育”一词。

在我国当代教育领域，美育是全面发展的教育目标之一，在素质教育中占有重要的地位。一个人或一个民族，其审美水平的高低是其精神文明和物质文明水平高低的重要体现。审美教育也是社会发展所需要的，审美与人生有着密切的关系，美育使人走向文明，美育协调人与自然、人与人的关系。

由于年龄的特点，幼儿阶段的美育侧重“美感教育”，即通过环境和艺术中优美的现象和形式感染儿童，其中美术教育是美育的重要途径。通过有组织的以游戏性、自由性、创造性为特征的美术活动，如观察感受大自然，感受动植物运动的形式和现象，感受社会中人的美好行为，感受色彩配置的形式美，把和谐、对称、变化、自由等生命活动的形式逐渐内化为儿童自我的心理选择。

在幼儿美术活动中，教师要注重对儿童身心成长的积极影响，把培养儿童在美术活动中的良好行为、习惯、态度作为教育的重要内容之一。不同的儿童需要学习的内容也不同，仅仅从形象、色彩、构图这些形式上的学问入手远远不够，挖掘埋藏、负载在画里以及作画过程中的人性，培养有趣的性格、心理才是最本质的意义所在。教师要尊重儿童的发展，同时也要培养他们尊重自然、尊重他人、和谐相处、认真负责、勤劳有序等优良的品质。

应当指出，当代社会的美术作品不都是美的，在幼儿美术教育中，要选择适合幼儿，与幼儿生活相联系的美术行为和美术作品。

（二）自然熏陶

对于年幼的儿童，我们的美术教育活动必然是一个自然熏陶的过程。儿童艺术能力的发展如生态环境一样，有生命力的动植物是在有利于其生存和发展的环境中自然生长的，聪明的教育者往往把创造生长的环境作为教育的重要工作，而愚蠢的教育者往往急功近利，要求立竿见影的教育，却往往适得其反。教师要把握好尺度，避免因过分强调美术技巧标准，而破坏掉促使趣味、能力自然发展的环境。

（三）深入浅出

幼儿美术教育的内容要适合儿童。活动的内容和形式要有趣味性，以引起幼儿的兴趣。在技巧上不要太难，让幼儿稍加努力就可完成。要让幼儿体验美术的多样性和丰富性，活动的过程要有轻松的气氛，要给儿童自由表现的机会。不要盲目执着于数量的多寡或水平的高下，而是力求满足儿童的需求与发展，力求实现内容的真、善、美、慧，使幼儿能在健康、简单、和谐的内容中，获得知见与成长。

（四）尊重创造

创造是美术的本质。造型艺术就是创造“形象”和“形式”的艺术，而不是简单的技术模仿。在美术活动中，对形状、色彩、线条等艺术要素的表现方式，对各种材料技法的组合运用，都是极具个人特点的。教师提供一个可发挥的“平台”，每个孩子都会根据自己的能力、体验，以自己的水平对接，表现出独特的形式语言。这些形式也许并不完美，或者不能迎合成人理性的观感，但却蕴含着独特的原创魅力。尊重儿童就要从尊重童稚、童真的表达开始，尊重创造，欣赏创造，也是中华民族培养创新精神的起点。

（五）播撒经典

在人类的美术发展史中有太多的经典表达，它们都从不同角度反映出人类的成长与思考。在幼儿美术教育中，选取适合儿童欣赏的经典内容，丰富儿童的见识，让经典与儿童的生活经验相呼应，成为儿童经验的一部分是非常重要和有益的。这样的积累与修养，就如同在儿童幼小的心田里埋下一粒富有生命力的种子，必然会成为儿童未来发展的基础。

幼儿美术教育，既不是儿童对美术专业技能的简单学习，也不仅仅为了提高儿童的创造力与自我表达能力。它是一个人整体成长中的一个方面，是以形式美的因素，传达人类的文明、文化，在儿童的动手、体验中，潜移默化地实现内在心灵与外在世界的沟通，从而促进幼儿的个体成长与成熟。将美术修养、艺术创造的基本能力根植于每一个个体，从而提升民族整体的艺术素养。因此，我们既要更全面地看待儿童美术教育的作用，也应更全面地运用美术的教育因素。

第一单元

幼儿美术教育概论

思维导图

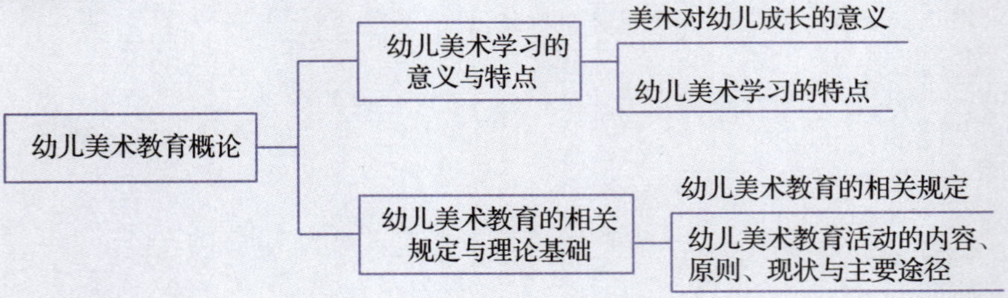

学习目标

1. 了解美术教育对幼儿成长的意义。

2. 理解成人与儿童在美术学习方面存在的差异和矛盾，初步掌握化解矛盾的方法。

3. 理解掌握《幼儿园教育指导纲要》《3～6岁儿童学习与发展指南》中关于幼儿美术教育的各项要求。

4. 明确幼儿美术教育活动的开展原则和开展途径。

图 1-1-1　幼儿园里的美术活动

第一讲

幼儿美术学习的意义与特点

一、美术对幼儿成长的意义 ●●●

美术教育是美育的组成部分，美育会对人的身心产生影响，既重形式更重内容。我们不仅仅是教给儿童画画、做手工等的方法，更是要让儿童在接受教育的过程中，形成独特的审美意识，享受游戏的乐趣，尽情表达自己的认识和情感，同时接受优质人文艺术带给他们的熏陶与影响。这就涉及审美思维、操作游戏、表达表现、学习成长等很多方面，这些方面在儿童美术教育中是交叉统一的整体，但每一次活动中又可能会受儿童年龄、操作内容、环境条件等的影响而有所侧重。

(一)美术培养儿童的审美思维

案例 1-1-1 审美与选择

萌萌是小一班的小朋友，可是她总是喜欢到小二班的活动室来张望，有时被老师指派一项小任务去通知小二班时，她也总是在小二班的教室里流连忘返。老师开玩笑说让她留在小二班算了，她竟高兴得想留下。问她为什么，她说喜欢小二班活动室淡蓝的颜色，还喜欢墙壁上老师用油画棒画的一组装饰画，和她最喜欢的连环画《七色花》的插图差不多。

每一个个体的生命都有自己独特的成长经验，也正因为这些经验，逐渐形成了自己独特的审美选择与表达方式，而美术正是以其造型的、色彩的、形式美的表达特色，对个人独特审美经验产生影响。

一个小生命来到这个世界上，虽然还不会说话，但周围的空间、事物、光线、色彩、形状、表情都看在眼里。最初孩子认为最美的，应该就是自己的妈妈，甚至具体到妈妈的笑脸、乳房或手中的奶瓶。慢慢地能使他产生美感体验的是爸爸、爷爷、奶奶、姑姑……从很小的时候，孩子的审美思维就开始萌芽了，早期能使儿童产生愉悦与美感体验的内容一定是和其身心的需求与安全感相关的。接下来，触摸摆弄自己喜欢的玩具，观察它们的颜色与形状，用彩笔画出一个小人儿或用剪刀剪出一个图案，再到有一天他说："我最喜欢鲜红色!"所有这一切，都是点点滴滴的视觉积累、心理体验与审美学习的结果，在不断接受环境影响，进行思考与选择的同时，儿童的审美思维也逐渐得到发展。一处景物、一本书、一幅画、对美术工具材料的接触、父母及教师的审美态度……都会影响儿童对人类视觉艺术的认识，从而形成自身独特的审美态度与选择，而审美偏好则是和他们的心理需求、生理满足、生活环境、文化环境、成人的影响相关的。随着成长，积累在孩子身心中的各种体验，特别是视觉经验就会成为他审美选择、审美学习和美术形式的审美表达、表现的基础。

所以，一个孩子将要和美术之间建立怎样的关系，以怎样的态度和水准进行美术表达，与文化环境的影响、成人的教育密切相关。例如，生长在维也纳的儿童对音乐的敏感与热爱远高于生活在其他国家的儿童，早期耳濡目染的生活环境，对视觉文化媒介和样式的摄入，都是影响儿童审美心理形成至关重要的因素。作为成人一定要理解，所谓艺术教育，其实就是对儿童进行审美文化影响的方式方法。真正的目的是以美的形式、内容影响儿童的身心，所得的结果是形成具有一定文化修养的，反映真、善、美，体现在知、情、意上的独特的审美思维。

(二)美术是儿童游戏的一种方式

案例 1-1-2　第一次画水粉画的小昱

小昱："调色盒里有很多颜色真好看，颜色像果酱软软稀稀的好玩极了。毛笔像小刷子，可以蘸上颜色画到纸上，太好玩了。"

"我喜欢画太阳，我最会画太阳。我要画很多太阳!"

"稀稀的颜色真好玩，它们碰到一起就成了新颜色，太好玩啦!"

"我在画太阳玩儿捉迷藏，云彩也来和它一起玩儿呢!"

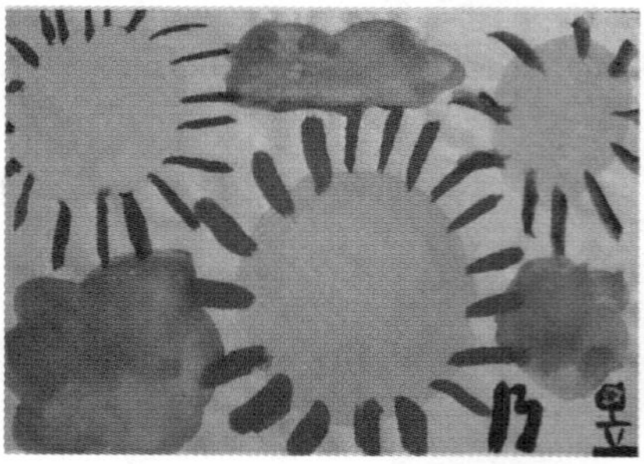

图 1-1-2　太阳和云彩的游戏

对于幼儿来说，美术首先是一种游戏活动。无论是主动的还是被动的，美术材料、活动本身的游戏性、可操作性都是支持他们进行美术活动的原动力。一般一岁半左右，幼儿就可以握住笔开始涂鸦游戏。此时，给幼儿一支笔，他会先将它放到哪里呢？如果不好吃，接下来他会如何探索手中的新"玩具"呢？摸索、敲打、抻拉…… 当成人教给他们涂画的方法时，他们也会觉得很新鲜，会投入自己的热情来尽情涂鸦。

五颜六色的颜料，各种质地的彩纸，彩泥，油画棒，像小刷子一样的水粉笔……对于幼儿来说这些都是新鲜有趣的“玩具”。在他们看来，画画、做手工如同玩其他玩具一样，画道儿、点点儿都是在玩儿，和摇动手铃、敲积木一样会获得游戏的快乐与满足。

为什么呢？因为美术的材料是可以变化的，一支画笔可以画出各种各样的形象，一块彩泥可以随意捏成各种形状，可以随意变化成为它对幼儿的吸引力。

有时候幼儿所画的内容也会成为游戏的一部分。例如：刚刚画好的小姑娘，一会儿工夫就被一个棕色大方块覆盖，原来是小姑娘藏进了衣柜里等小伙伴来找呢；刚刚还是蓝天白云下，碧波荡漾中威武军舰的美丽图画，一会儿就被画得混乱不堪，原来是发生了大海战。在幼儿游戏般的美术世界中，好玩常常比好看更重要。

教师应理解儿童美术情结的根源，以游戏的形式来教育幼儿学习美术，以游戏的心态来理解幼儿，赋予美术活动趣味性。

（三）美术是儿童表达认识与情感的语言

案例 1-1-3　参观恐龙展

小雯：“我刚刚三岁，这是我画的和老师去参观恐龙展。”

“你看懂我要说的了吗？”

“恐龙好大！我们是走路去的，我们是用眼睛看的。”

图 1-1-3　参观恐龙展

案例 1-1-4　太阳月亮手拉手

小旭：“你知道为什么我会画太阳和月亮手拉手吗？”

“因为，太阳和月亮拉手，太阳会凉快一点，月亮会暖和一点。”

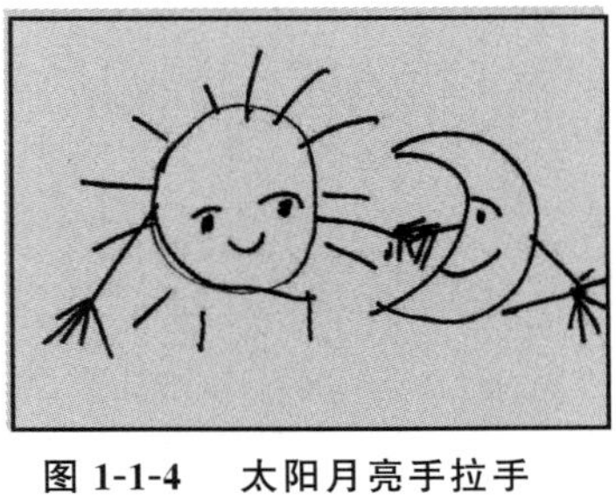

图 1-1-4　太阳月亮手拉手

对于幼儿来说，美术创作过程实际上是幼儿借美术语言来表达自己对周围世界的认识、情感和思考的过程。这也是儿童美术中很精彩的部分。他们的作品，正是将他们成长中所受影响经由自身统合之后，运用美术语言和材料所进行的表达、表现。如果说“儿童有一百种语言”，那么美术语言正是其中的一种。它的形象性、视觉性，比抽象的文字符号更早为幼儿所理解与喜爱，更容易作为记录与交流的方式，在操作与游戏的过程中幼儿能逐渐运用线条、形状、色彩描绘塑造所见、所感，虽然粗陋稚拙，但却如同儿语一般天真可爱，充满有趣的内容与幻想。幼儿运用美术语言所作的表达、表现，促成了他们与世界的沟通、交流，同时也理应享受这一过程带来的安慰与回应。

理解、鼓励儿童的表达，既使成人从中获得人类更为感性的享受，也使儿童逐渐擅长形象表达，并乐于用这种方式表达思想、宣泄情绪、想象和创造自己的多彩世界。成人也能通过他们的画解读他们的内心和他们分享的生活中的种种体验。

因此，我们要把儿童的画当作一种语言来解读，而不是仅仅苛求其达到如成人绘画般完整、清晰的效果。

(四)美术是促进儿童能力与心灵整体成长的工具之一

案例 1-1-5　看看我们的画

图 1-1-5　公鸡

昊昊：“老师教我用手描轮廓画了一只小公鸡，我现在涂色可均匀了，我搭配的颜色好看吧！”

图 1-1-6　秋天

晴晴：“我们今天去远足，回来老师让我们画秋天。”“我穿了厚衣服，刮风了，看到大树落叶了，漂亮的菊花开了。”

图 1-1-7　狮子

罗罗："我刚上小班，这是老师教我画的狮子，我不太会粘鬃毛，妮妮帮了我，谢谢妮妮。"

图 1-1-8　自制绘本

宁宁："今天听了一个新故事，老师教我们把故事画成图画，钉成书。我知道书是怎么做成的了。"

图 1-1-9　瓶花

彤彤："老师教我们把彩色的纸折起来剪，真高兴，这是我的作品。我喜欢剪纸。"

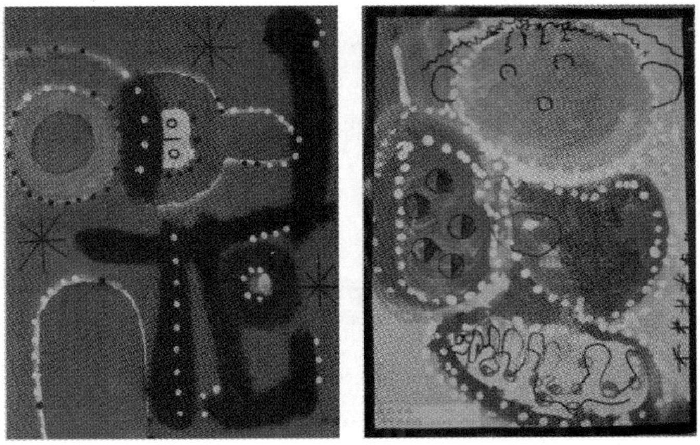

图 1-1-10　向米罗叔叔学画画

平平："老师给我们看了好多米罗叔叔的画，他画得真好，我也来画一画，向米罗叔叔学习。"

“爱美之心，人皆有之。”但人的审美能力不是天生的，而是后天从小培养起来的。美术作为一种语言、技术和文化，对它的理解和表现需要通过一定的学习来完成。对于幼儿来说，美术技能的掌握依靠生动的形象和有趣的操作来达成。用教育的艺术来唤起儿童对人类视觉艺术的热爱，在美术活动中将人类文化以生动优美的形式和内容潜移默化地传达给幼儿，使他们都能发现美、创造美。

幼儿在美术方面的学习与成长一方面是美术教育对幼儿美术技艺的影响，在美术能力上有所发展；另一方面是美术对幼儿心灵的影响，包括认知、情感、智力、创造等多个方面。

一是促使幼儿学习多种美术技巧，体验各种美术工具、材料、形式，在操作的过程中增强动手能力，如执笔、画线、涂色，较为精确地剪纸、折纸、捏泥等，并形成良好的操作常规与行为习惯，使美术语言能为幼儿的表达与创造意愿服务，在自己和他人作品的影响下产生进一步创作的欲望。这一方面主要通过游戏性的美术操作与练习来达成。

二是通过对人类各种美术创造物的理解与欣赏来陶冶幼儿的情操，丰富他们对美的认识。因为一件美术作品所反映出来的，不是单纯的技能操作或简单的观赏认知，而是个体对人类文明的认识与表达，统整了一定时期背景下的一种文化，对它的理解与体验必然促进个体向更完善的社会人迈进。这种审美影响的内容是十分丰富与多元的，往往涉及多个领域，既能激发儿童的审美情感，同时也会增进他们与这个世界的理解与交流，从而培育健康的审美情趣。这一方面主要是通过欣赏和成人的引导来完成。

通过美术，儿童与外界产生了许多微妙的连接，使他们不是只在专一的领域里成长，而是在身体、感情、知觉、心灵等各个方面获得统合的成长。

二、幼儿美术学习的特点 ●●●

案例 1-1-6 成人与儿童关于一幅企鹅的画的解读

一位父亲手里拿着一张涂满混乱线条的画纸，略带不满地对老师说：“老师您看，这就是我儿子在家里画的画，这都是什么呀？简直浪费纸笔！”老师接过画纸一看也不禁皱起了眉头，确实是乱七八糟。老师亲切地将画画的小朋友叫了过来：“帅帅，能给我讲讲你的画吗？”帅帅今年三岁多了，他看了看老师和蔼的笑容，愉快地伸出小手，指着纸上一个“大团子”说道：“这是企鹅爸爸。”又指着另一个小一点的圆团儿："这是企鹅妈妈。"老师指着一个最小的圆团儿："这一定是企鹅宝宝了吧?"帅帅肯定地点了点头，接着指着一处画面："这是冰山，企鹅的家。"又指着下方一大堆乱糟糟的道子："这些都是企鹅在冰上滑雪(留下)的道道儿，呵呵……"随着帅帅的讲解，一幅生动的"企鹅一家"的画展现在这位父亲的眼前，他情不自禁地蹲下身子搂住了儿子，一面笑着一面自语道："还真，真没看出来，不错、不错！谢谢老师啦!"

从这个案例中，你能感受到儿童与成年人，在看待美术作品这个问题上的许多不同之处了吧。

(一)正确认识成人与儿童在美术方面的矛盾

今天我们要和即将成为儿童美术教师，或想走进儿童美术世界的成年人聊一聊，看看我们和儿童，在美术这件事情上各自的优势在哪里，不同在哪里。我们应该怎样来化解成人与儿童在美术问题上的小矛盾，我们要做些什么才能真正实现以美术促进儿童健康成长的目的。

在美术领域，成年人更注重形式美，在美术技法、内容意义、艺术审美等方面都有着比较强烈的综合要求。而儿童在美术活动中所表现出的优长往往更集中在大胆、感性地自我表达与尝试体验。表现技法、内容意义、造型的艺术性往往不是幼儿创作中的主要追求。(见表 1-1)

也可以说，成年人对待美术的态度是更重视目的性和社会性、形式美的效果与文化概念。儿童则更倾向于游戏性、更富于感性的表达、游戏过程的体验，当然，这也和成年人负责任的理智成熟，儿童率真的简单天真相对应。在不同的背后，存在着二者在美术活动中的态度的界分，他们往往会因为审美要求的不同，对同一内容产生不同的态度。比如成年人可能更追求作品的艺术性，而儿童更希求游戏性的操作过程；成年人更希望实现完整清晰的画面表现，而儿童由于受到身心成熟程度的局限，只能表达自己最强烈的体验，儿童所使用的美术语言、表达符号，往往也与成年人的基本认知不相符合。

表 1-1　成人与儿童在视觉艺术上的不同倾向

成人所长：形式美的文化	儿童倾向：自我的表达
目的性 理智的 形式美的效果 文化概念的表达	游戏性 感性的 过程的体验 自我体认的表达

（二）基于矛盾对幼儿美术教育方式的探索

成人与儿童的美术虽然存在界分，但其背后也并不都是矛盾。其实作为儿童美术教师，我们就像一座桥梁，联结着成人的美术世界与孩子们稚嫩的身心，我们正是化解矛盾，消融界分的人。我们又像翻译，力争以信、达、雅的水准，完成丰富多彩的美术世界与纯真稚嫩的儿童之间的理解沟通。

一直以来，解决成人与儿童美术界分的各种双赢路径，是幼儿美术教育工作者们孜孜以求的探索内容。美国的音乐教育家穆赛尔也曾经总结出把儿童艺术教育理解为为欣赏而进行的教育，对于技能训练与艺术欣赏的关系，他认为解决整个技巧问题的正确方法，就是以欣赏为动机，并以欣赏为目的。以这样的艺术教育为目的，高深的艺术表达与儿童纯真的仰望并不存在任何的矛盾与对立。其实，儿童美术在本质上离艺术更近，而有些成人的美术由于功利的原因离艺术更远。

在此，也向准备从事儿童美术教育的成年人，提供几条值得借鉴的解决成人与儿童视觉艺术矛盾的有效路径。

1. 在对儿童美术能力发展了解与掌握的基础上，教师应该以宽容、尊重的心态面对幼儿的艺术表达，特别是对待变化（面对成人的教学内容，儿童以自己的水平做了变化）的接纳与欣赏。

2. 将美术技能方法的学习与美术表达表现划分为不同的课业类型，使教师的指导有较为明确的方向与侧重。

3. 不断丰富自己对美术的了解与热爱，增进儿童美术教学设计的艺术性，在设计与指导儿童美术活动中要尽量兼顾好玩、好看、贴近儿童生活、鼓励动手、尊重创造。

4. 在美术活动中找好教师的位置感，以朋友、学生、欣赏者、合作者的状态面对儿童。

以上建议并非面面俱到，需要大家在实践中根据环境条件的变化，不断地发现、探索与积累。在每一位成年指导者的内心，都应怀有这样的共识：我们既要对成人的美术世界加以选择，以适应儿童的年龄特点、理解能力、操作能力的局限，就像母亲为自己的孩子选择适合消化吸收的健康饮食一样，同时，还要理解儿童天生的感性、纯真、稚气的表达表现是多么的富有价值，就像我们人类原始艺术一般富有灵性，虽令人费解，却最接近真、善、美。只有如此，我们才能真正走进儿童的美术世界，和他们一起分享快乐，共同成长！

第二讲

幼儿美术教育的相关规定与理论基础

一、幼儿美术教育的相关规定 ●●●

幼儿美术教育在幼儿园教育五大领域的划分中，和音乐教育一起被划分在艺术教育领域。在教育部颁布的幼儿教育相关政策中，有两个非常重要的纲领性文件，其中艺术领域的相关内容，是我们开展幼儿美术教育活动的主要依据。

2001年9月起试行的《幼儿园教育指导纲要(试行)》(以下简称《纲要》)和2012年9月颁布的《3～6岁儿童学习与发展指南》(以下简称《指南》)中，艺术领域的相关要求请大家深入学习与领会、理解并记忆，把它们作为我们艺术领域教育活动设计与实施的重要指导与依据，通过学习与分析，深化为我们的教育思想与具体行为。

(一)《纲要》中关于幼儿艺术教育领域的要求

2001年教育部颁布了《幼儿园教育指导纲要(试行)》，标志着我国幼儿教育改革进入了一个新阶段。随着改革的深入，教师们越来越深刻地感受到传统美术教育对幼儿发展的束缚，逐步克服以教师为中心的、“灌输式”的教学模式。幼儿美术教育也从原来的以教师为中心的教画、技能培养为主，逐渐开始注重幼儿个性的发展与情感的体验，注重审美素养和健全人格的培养，使幼儿美术活动从形式到内容都着力为幼儿的健康发展服务。

(二)《指南》在美术教育领域对教师与幼儿具体行为的指导

2012年教育部颁布的《3～6岁儿童学习与发展指南》中，艺术领域从“感受与欣赏”“表现与创作”两大方面，向大家呈现的正是幼儿美术活动设计与实施的关键性问题。而《指南》的字里行间也都向我们表明了设计与实施美术活动中幼儿教师所应具备的行为与态度。通过仔细研读学习，大家应该将这些指南性的文字化作自己的教育思想、行为和态度。

·《3～6岁儿童学习与发展指南》节选·

扫描二维码可查看《指南》中艺术领域相关要求的全文。为了更好地帮助大家理解与记忆，我们尝试着将《指南》中教师的具体行为和幼儿行为加以整理，从而坚定教师艺术教育的立场原则，明晰幼儿教师艺术教育的行为方式，在《指南》中，幼儿的具体行为多从目标中体现，教师的行为多从教育建议中表述。

《指南》中艺术领域的目标与指导建议是从“感受与欣赏：喜欢自然界与生活中美的事物，喜欢欣赏多种多样的艺术形式和作品”，“表现与创作：喜欢进行艺术活动并大胆表现，具有初步的艺术表现与创造能力”两大方面提出的。其中包含音乐和美术两大类的主要内容，在目标上还细分到小、中、大三个年龄班的具体内容与方式，需要我们反复阅读，深入理解，并内化为艺术领域幼儿教育的指导思想。

表 1-2 《指南》艺术（美术）领域中关于教师与幼儿的行为表述

教师行为	幼儿行为
和幼儿一起感受、发现、欣赏 经常带幼儿参观…… 与幼儿一起讨论交流 引导……表达　　支持……收集 一起图画、手工……装饰和美化环境 带幼儿观看或共同参与 理解和尊重、倾听、回应和鼓励 提供……支持…… 一起绘画、制作……分享…… 营造……赞赏……不过多干预 具体帮助(需要时)、了解、领会 不用成人标准评价、展示……作品	喜欢观看、欣赏、关注…… 乐于收集……向别人介绍 乐于观看…… 专心地观看、有模仿和参观的愿望 欣赏时……产生相应的联想和情绪 ……表达自己的理解 分享交流美感体验 经常涂涂画画、粘粘贴贴并乐在其中 经常用绘画、捏泥、手工制作等表现…… 能用多种工具材料或不同手法表达表现 艺术活动中……相互配合、独立表现

根据表 1-2 中所总结的教师和幼儿行为，我们进一步合并整理出在美术活动中，教师和幼儿的具体行为要点如下。

教师：

(1)提供、营造感受美的条件、机会，倾听、交流对美的感受；

(2)持尊重、鼓励、欣赏、支持的态度，开展共同完成的表达、表现的操作活动；

(3)不用成人标准评价，不过多干预，多种方式展示幼儿作品。

幼儿：

(1)乐于感知美好事物，尝试基于自我体验的表达；

(2)有用各种绘画、手工等方式进行美术表达表现的机会；

(3)在被尊重、认可、欣赏、帮助中，发展自我，培养兴趣。

据以上的行为与态度的总结，我们将进一步学习如何将这些行为要求渗透转化为可操作的、更加明确具体的活动方案。在活动设计与指导幼儿的时候，它们都将成为最基础和必要的标尺和依据。

二、幼儿美术教育活动的内容、原则、现状与主要途径 ●●●

《纲要》和《指南》为我们开展幼儿美术活动提供了清晰的目标和行为建议。但是在开展幼儿美术活动前，作为活动的实施与指导者，我们还应该明确幼儿美术活动的开展原则和主要途径。

(一)幼儿美术教育活动的内容分类与开展原则

幼儿美术教育活动是培养幼儿审美素养和审美操作与创作能力的活动。在学前阶段主要是选取适合幼儿操作的美术材料，以游戏练习等方式开展。在内容分类上主要包括各类型幼儿绘画活动，各类型幼儿手工活动，以及各类型幼儿美术欣赏活动。这些活动与幼儿的生活和幼儿教育主题相关联，在学习上会有侧重和不同的指导要点，但是在具体的幼儿活动中也会综合交织，为幼儿的教育需求服务。每一项具体的内容我们都会从幼儿能力发展与建议，幼儿美术活动内容与实践案例，专项内容的课堂实训等几方面，详细为大家进行介绍。

幼儿美术教育活动的开展原则，是指在幼儿美术活动的开展中，我们要充分考虑和遵循的几个主要方面，它们是幼儿美术活动开展的出发点，也是考评活动设计的主要依据。幼儿美术教育活动的开展原则，即活动设计与指导应充分考虑并融入以下几个因素：好玩、好看、贴近儿童生活、鼓励动手、尊重创造。

好玩即注重游戏性，它是一切幼儿教育活动的灵魂。在玩儿中学，在学中玩儿，能够使幼儿主动而愉快地参与，非常放松地在活动中获得成长。美术活动的游戏性、情境性开展是幼儿阶段美术活动的主要方式。

好看即注重审美性，这也是美术活动最具优势的教育特色，遵循此原则，就要求教师为幼儿设计准备的美术活动应具有一定的艺术水准。具体来说，就是无论内容选材，还是为幼儿准备美术活动材料时，都要考虑到审美因素。如内容的真善美、色彩的搭配等，使得幼儿美术活动具有一定的美感，进而引发审美愉悦，提升幼儿审美能力。

贴近幼儿生活主要是指美术活动的内容和选材要来源于幼儿的生活或经验，是他们有感受性的题材，是幼儿在自己感受、体验、欣赏的基础上，开展的表达表现活动。只有这样，才能真正获得幼儿最真实独特的个人表达，而非仅仅获得幼儿对成人经验简单的模仿。

鼓励动手即强调美术活动的操作特性。无论是幼儿绘画、幼儿手工还是幼儿美术欣赏活动的开展，都要和幼儿的动手尝试相结合。美术活动中教师要为幼儿精心设计操作环节的内容，也只有在动手操作中，幼儿才能获得真实、可贵的审美活动经验。任何美术活动，幼儿的操作一定是最主要和最重要的环节。教师的支持、鼓励和帮助，也只有在孩子们的自主操作中才具有意义。在操作中发现问题、解决问题、发现自我、获得自信，是幼儿在美术活动中获得成长与滋养的关键一环。所以，教师要特别重视对操作环节的设计与安排。

尊重创造有两层含义，浅层来说是对幼儿创造的各种艺术形象的尊重，更深层次的含义是尊重幼儿的身心发展，尊重他们美术能力发展的基础水平。幼儿在美术活动中的表现和创造，往往并非有意为之，更多的是基于他们自身的特点，诸如感性大于理性、心理和认知的局限或纯真不拘、手眼发育的不甚协调等，反而会呈现出很有创造性效果的艺术特征。当然，后边我们也会更详尽地学习和了解幼儿各项美术能力的发展阶段与特征。

当然，有时一个活动不一定包括所有的因素，而是侧重其中的几个因素，即使如此，也会有很好的活动效果。总之，能更全面地遵循这些原则去设计和开展幼儿美术活动，一定会获得令教师和幼儿都满意的活动效果。同时，大家也可以用这五个因素去衡量你所观摩的幼儿美术活动，从中学习亮点，发现不足。

案例 1-2-1　美丽的剪纸

图 1-2-1　幼儿园里的美术游戏

活动的审美性和游戏性来自艺术家 Nikolai Tolsty 的剪纸作品的启发。他在纸上剪出动物的轮廓，镂空部分配上精致的美景，每一幅都充盈着春天的气息。将剪纸作品放到现实场景中摆拍，这也让剪纸仿佛有了生命一般，充满动画游戏般的乐趣。

我们将这个好玩、好看的美术活动内容介绍给孩子们，通过欣赏，孩子们都兴致勃勃、跃跃欲试。然而我们还是要先来玩一玩，先让他们用镂空的剪纸感受一下我们身边的美景。

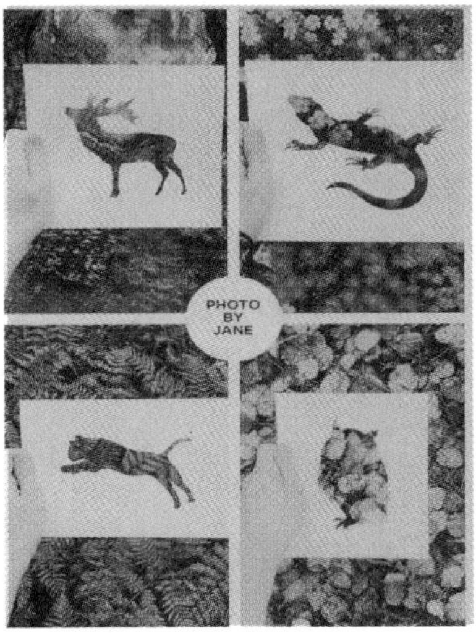

图 1-2-2　剪纸图画

图 1-2-3　大师剪纸作品

看过、玩过后，开始动手了！年龄小的孩子真的不像艺术大师那样灵巧和娴熟，镂空剪或剪出复杂的形象还需要时间去练习。然而老师很理解，还带着幼儿把简单的作品放到合适的环境中去拍照，剪纸活动就这样融入了孩子们的生活，让幼儿的美术创作和环境产生了有趣的互动！

图 1-2-4　房顶上的飞碟

图 1-2-5　好大的冰淇淋球

图 1-2-6　用小瓶子倒水

（案例提供：天津大学幼儿园杨效颖老师）

(二)幼儿美术教育活动的现状与主要途径

美术材料、美术创作过程都令幼儿着迷，它们既是幼儿的游戏，又使幼儿获得自信与成长。多年来幼儿美术活动在幼儿园教育活动中一直是不可或缺并深受幼儿喜爱的内容。在幼儿园当前的美术教育中，老师们在《纲要》《指南》等文件精神引领下，逐渐认识到审美培养与教育对幼儿成长的重要意义。各个幼儿园，也都从园区审美环境，幼儿园美术教育材料和时间投入上给予了相当的重视。好多幼儿园都设有专门的美术教室或陶艺、手工等专业活动室，甚至配备了专业的幼儿美术师资，开展了类型丰富的幼儿美术教育活动，幼儿作品也被装点在幼儿园的环境中。学习本学科的内容和方法也是为了进一步科学合理地完成好幼儿美术教育的具体工作。特别是厘清观念，在尊重幼儿发展的基础上，做好美术活动的设计与实施，摒弃注重技巧、不当示范、过多干涉与成人标准评价等缺乏专业性的实施方式。

首先让我们来熟悉和了解一下目前幼儿园美术活动开展的主要途径，即集体美术教育活动，区域中的美术教育活动，以及生活中的美术教育活动的开展形式和内容。

1. 集体美术教育活动

集体美术教育活动是教师根据学前儿童美术教育的目标，有目的、有计划地选择活动内容，准备活动材料，面向班级全体幼儿展开活动。在集体美术教育活动中，教师是活动的主导，幼儿是活动的主体，教师对幼儿进行统一指导或个别指导，每个幼儿都能在集体美术活动中感受和体验美，表现和创造美。

近年来，越来越多的地区在学前教育课程改革中选择以主题活动的形式开展幼儿园教育教学活动。它既能够反映和落实幼儿教育的一些基本要求，教给幼儿一些必要的知识和技能，也能在一定程度上兼顾幼儿的兴趣和需要，使幼儿在活动中获得更大的自主性。因此，幼儿园集体美术教育活动也通常是在主题背景下开展的综合性的美术活动。它超越了严密的美术学科知识体系以及其他学科的界限，以幼儿的生活、经验、兴趣、需要为课程设计的主要依据的同时，力求兼顾美术学科的特点和内在要求。主题背景下的集体美术教育活动具有以下特点。

* 从活动内容来看，主题背景下的集体美术教育活动超越了教材和幼儿园的局限，向自然环境、幼儿生活领域、社会领域延伸，强调幼儿与自然、社会、生活之间的联系。

*从活动设计来看，主题背景下的集体美术教育活动一般根据幼儿的经验和活动主题需要选择活动内容，然后再根据活动内容设置活动目标，并且允许活动内容和目标具有一定的灵活性和可变性。

*从活动目标来看，主题背景下的集体美术教育活动重视幼儿在活动中的审美感受及亲身体验，积累和建构各种基本经验，培养塑造人格，促进幼儿的全面发展。

*从活动过程来看，主题背景下的美术教育活动更强调幼儿的自主学习、探究学习与合作学习能力的培养。

案例 1-2-2　小花园(小班)

[活动目标]

(1)在种花的情景中，进一步感受春天花园的美。

(2)大胆创造符号表现花园里各种各样的花。

[活动准备]

经验准备：

(1)在春游和日常生活中看看、闻闻、摸摸，观察真实的花朵，积累对花的认知经验。

(2)组织幼儿欣赏以花为主题的相关艺术作品，感知艺术表现形式的丰富性。

(3)组织幼儿开展种植活动，给花浇水，观察花的生长变化。

物质准备：

PPT 图片，印有篱笆的画纸，幼儿绘画工具若干。

[活动过程]

一、回忆经验

用肢体动作伴随音乐模拟种子发芽。

教师："春天到了，小种子在泥土里发芽，慢慢长大！"

二、观察联想

1. 回忆经验，引发讨论

教师："这些花儿都是我们在鲜花港春游时拍的，说说你喜欢的花儿，它像什么？"

教师："花园里的花真多。有的花心很小，但花瓣又长又宽；有的花心很大，像个圆盘，花瓣却一片紧挨着一片；有的花好像是个灯笼一串串地挂在花茎上；还有的远远看上去像个花球。花园里的花五颜六色真漂亮！"

2. 教师出示展板，引出创作情境

通过媒体再现回忆，引发幼儿对花的颜色、形状等展开交流讨论，从而激发幼儿迁移、联想创作的兴趣。

三、创作表现

幼儿选择一块“草地”，开始“种花”(模拟种花的情景，引发幼儿有兴趣地表现不同的花的简单特征)。

教师观察与引导：

(1)观察孩子“种花”时的情况，提醒幼儿要分散播种。

(2)鼓励幼儿用不同的线条表现各种盛开的花朵。

(3)教师：“花种好了，哪些朋友会到你的花园里来呢?”(鼓励幼儿进一步展开联想，表现和花园主题相关的内容。)

四、分享交流

(1)教师戴上蝴蝶指偶，模拟蝴蝶飞来的情景，引导幼儿关注同伴作品。

教师：“小蝴蝶飞到哪里呢?”

(2)请幼儿说说小蝴蝶会停在哪里呢？为什么停在这里？

引导幼儿观察同伴的画，并且以蝴蝶停在哪朵花上，引导幼儿分享自己的绘画作品。

[延伸活动]

将幼儿的绘画作品布置成“小花园”。

(案例提供：上海市黄浦区星光幼儿园韩萍老师)

在进行集体美术教育活动时，教师需要注意以下几个方面。

首先，重视活动前幼儿对活动内容的感知和体验。幼儿对美的表现和创造是以感知和体验为基础的。没有细致的观察和深刻的感触，幼儿是难以在集体教学中自如地、富有创造性地表现的。因此，教师要在活动前通过多种途径增强幼儿的感知体验，丰富幼儿的情感体验。途径包括：实地参观感知、实物观察写生、情景模拟体验、艺术作品欣赏。以《小花园》为例，教师引导幼儿在春游和日常生活中看看、闻闻、摸摸，观察真实的花朵，积累对花的认知经验；引导幼儿欣赏以花为主题的相关艺术作品，感知艺术表现形式的丰富性；开展种植活动，引导幼儿给花浇水，观察花的生长变化。

其次，在集体美术教育活动的导入环节，教师可以借助图片回顾、话题讨论、问题聚焦等方式帮助幼儿唤醒前期感知经验和情感体验，由此引发幼儿艺术表现兴趣，打通从感知发现到表现创造的通道。例如，在案例《小花园》中，教师通过和幼儿一起观看春游中拍摄的鲜花照片，帮助幼儿回忆，引发幼儿对花的颜色、形状的交流讨论，从而激发幼儿迁移、联想创作的兴趣。

再次，虽然集体教学是面向全体幼儿的，但是在活动中教师要通过观察，发现幼儿在感知、表达上呈现的个体差异，并进行针对性的指导。例如，在案例《小花园》幼儿表达表现的环节中，有的幼儿不知道把花画在什么位置而踌躇，教师可以提醒幼儿要分散播种，这样花才能更好地生长(注意画面的布局)；有的幼儿能够大胆表现花朵，但是他们笔下的花朵都是相同的造型，教师可以鼓励幼儿再一次观察花朵的照片，尝试用不同的线条表现各种形态的盛开花朵(关注花的不同造型)；有的幼儿画面上已经有各种造型的花朵，教师可以向幼儿提问：哪些朋友会到你的花园里来呢?(鼓励幼儿展开联想，表现和花园主题相关的内容，如蜜蜂、蝴蝶等。)

最后，教师要重视集体美术教学中的分享环节。教师不能因为集体教学活动时间有限而取消分享交流。分享是幼儿交流表达自己美术表现的想法和感受的重要途径，也是幼儿之间相互欣赏、学习的好机会。教师需要有意识地在情境中引导幼儿关注同伴在创意、造型、色彩、构图等方面值得学习的地方。

2. 区域中的美术教育活动

区域中的美术教育活动不同于集体的美术教育活动，它是在活动室内专门划出的以美术为主要活动内容的区域中，幼儿根据自己的兴趣和能力自主选择活动材料，在与材料、环境和同伴的互动中感受与欣赏美，大胆表现与创造美。区域活动是幼儿园常见的活动组织形式之一。

案例 1-2-3　区域中的幼儿美术活动

秋天到了，孩子们对幼儿园里盛开的菊花产生了兴趣。于是，教师创设了满足幼儿审美需要的艺术环境，并提供了幼儿感兴趣的材料、工具，激发幼儿创作的兴致。

1. 准备菊花实物，供幼儿观察写生

引导幼儿观察不同菊花的外形，发现菊花花瓣的不同姿态。

2. 提供各种材料，供幼儿制作菊花

引导幼儿在操作过程中初步认识菊花的种类和形态，并进一步感受菊花的外形特征。

3. 创设与菊花相关的艺术作品展区，供幼儿欣赏引导幼儿观察发现菊花可以装饰的物品，感受到菊花的纹样可以用来美化人们的生活。

4. 准备国画工具和材料，引导幼儿认识国画用具，并尝试使用水墨画表现菊花

引导幼儿探索积累用毛笔画点和线的方法，如：画点是毛笔在纸上按，画线是毛笔在纸上“走路”，加水表现墨的晕染效果等。

图 1-2-7　幼儿观察与描绘

（案例提供：上海市黄浦区思南新天地幼儿园）

区域中的幼儿美术活动实施的特点：

首先，区域美术活动内容要基于幼儿的兴趣和需要。区域美术活动的内容可以由幼儿自主选择，也可以是集体教学活动的延伸和拓展，还可以和其他游戏相结合。不论活动内容是如何产生的，都应该以孩子的审美兴趣和需要为出发点。这就需要教师通过观察、对话，倾听了解幼儿的兴趣和需要，提供幼儿感兴趣的工具和材料，创设满足幼儿需求的审美环境，激发幼儿的审美情感和创作兴致。

其次，美术区域中的材料要能够激发幼儿感知和表现的兴趣。区域美术活动是以材料为载体的活动，幼儿是在与材料的互动中进行学习的，适宜的材料能够激发幼儿的审美感知和审美表达的兴趣，提升幼儿的审美能力。材料分为两类：一类是供幼儿欣赏的审美对象，如符合儿童审美趣味的实物、绘本、照片、艺术作品等；另一类是供幼儿表现创作的工具和材料。

图 1-2-8　欣赏对象与表现创作的工具材料

（案例提供：上海市黄浦区思南新天地幼儿园王婧老师）

区域美术活动要提供多样的工具材料，除了纸张、颜料、画笔外，还需要各色羽毛、木棍、贝壳、碎布、糖纸、蛋壳、树叶、树枝、花瓣、废纸盒、彩泥、金属丝、纽扣、扭扭棒等能够引发幼儿好奇心和表现欲的物品。教师可以发动幼儿、家长、教师共同收集物品，并分门别类摆放，便于幼儿拿取。

最后，教师还要注意观察幼儿的活动情况，并适时指导。在区域美术活动过程中，更多的是个别学习，教师并不直接参与或指导幼儿的活动。因此，区域美术活动可以理解为“幼儿在前，教师在后”。教师在实施区域美术活动前，和幼儿一起创设区域活动的环境并准备材料；活动中，观察、分析幼儿活动情况，在必要时对幼儿给予支持与帮助；活动后，根据观察分析调整活动材料，在分享交流环节中共享幼儿的创意表达，总结提升，并将在区域活动中发现的有意义、有价值的教育元素延伸设计为集体教学活动等。

3. 生活中的美术教育活动

除了集体美术教育活动和区域美术教育活动外，教师还要在日常生活中发现和创造对幼儿进行美术教育的机会。一方面，教师可以利用幼儿园的公共环境以及城市建筑、雕塑、壁画、商店、广告、灯箱等城市街道景观中蕴含着美术欣赏的资源；另一方面，教师也要在幼儿游戏、运动中捕捉美术教育的元素，让幼儿领会美源于生活，并学会在生活中发现美、创造美。

案例 1-2-4　创意稻草人

秋天，幼儿园的种植园丰收了。孩子们每天都会来看看自己班级的菜田。一天，几只麻雀在种植园里啄来啄去，孩子们纷纷驱赶麻雀。可不一会儿麻雀又飞回来了。强强说："我看到爷爷的田里都是用稻草人！"许多小朋友也在老家看见过田里的稻草人。"稻草人"这个名词立即引发了大家的热烈讨论："站个稻草做的人，就能够吓走麻雀。"

用什么材料做稻草人？大家一致认为需要许多稻草和棒子。于是，孩子们和老师、爸爸妈妈一起利用休息时间收集稻草和棒子。基本材料准备好之后，老师和小朋友又一起讨论做什么样的稻草人，怎么做稻草人，还需要哪些材料。大家收集了许多稻草人的图片资料，制作创意稻草人的行动拉开序幕。

行动一：设计不一样的稻草人

大家不满足于制作生活中常见的稻草人，纷纷提出要设计与众不同的稻草人。商议后，大家觉得两人合作可以互相帮助。于是，孩子们用两两结伴的方式设计了"国王稻草人""魔鬼稻草人""博士稻草人""爱心稻草人"等。(如图 1-2-9)

图 1-2-9　各种稻草人

行动二：完成材料明细表

完成设计稻草人的工作后，我开始和孩子讨论制作稻草人需要什么材料，整理出一个材料明细表。孩子以表格的形式记录下了自己打算制作的稻草人所需要的材料，如：稻草、棒子、绳子、胶带等。(如图 1-2-10)

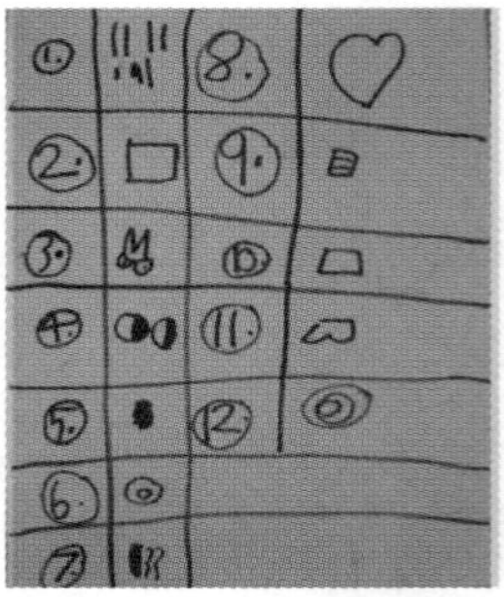

图 1-2-10　材料需求图

行动三：师生共建材料资源库

仔细观察孩子们拟定的材料明细表后发现，要用的材料有的太多，有的太局限，有的还可以用更好的材料来代替。于是，在材料库的创建过程中，老师和孩子们再次讨论对材料进行筛选。孩子们认为，双面胶、玻璃胶、扭扭棒、绳子可以用来粘贴与固定，彩色布、色纸、即时贴可用来做衣服和帽子等，这些是必需材料。金属丝、瓶盖、旧手套、旧袜子、电线、环形针、纸芯筒等是可供选择的材料。(如图1-2-11)有了材料清单，老师和孩子们就开始了材料收集工作，家长也一起参与了进来。

图 1-2-11　材料资源库

行动四：在创作中调整所需的材料

在制作中，当孩子决定要用材料来辅助固定稻草时，难题出现了。稻草质地较硬，不太容易变形和黏附，有的小组用细胶带固定，一松手就散了；有的小组用绳子扎，但是打结时捏不紧，结还未系好，又松了。

有的孩子开始留意别的小组的动向，发现有些材料比自己原先预计的材料更能满足制作的需要。“咦？那组用扭扭棒缠绕，一会就固定好了，快点换材料!”孩子们开始借鉴同伴的做法。

这个小小的变化促使各组孩子采取不同的行动：有的小组坚持要使用自己的材料；有的小组因找不到自己表上注明的材料而采用了替代品；有的小组马上改用旁

边小组选用的更好的材料；还有的小组各种方法都尝试了一下，用三种材料来固定。最后，孩子用绳子、布条、电线、扭扭棒、即时贴等多种材料固定稻草。老师及时鼓励孩子修改、调整自己的材料明细表，使原先的材料明细表变得更加完整和具体。孩子在整个制作活动中经历了多次自我否定和自我调整的过程，充分体验了自主制作的乐趣。（如图 1-2-12）

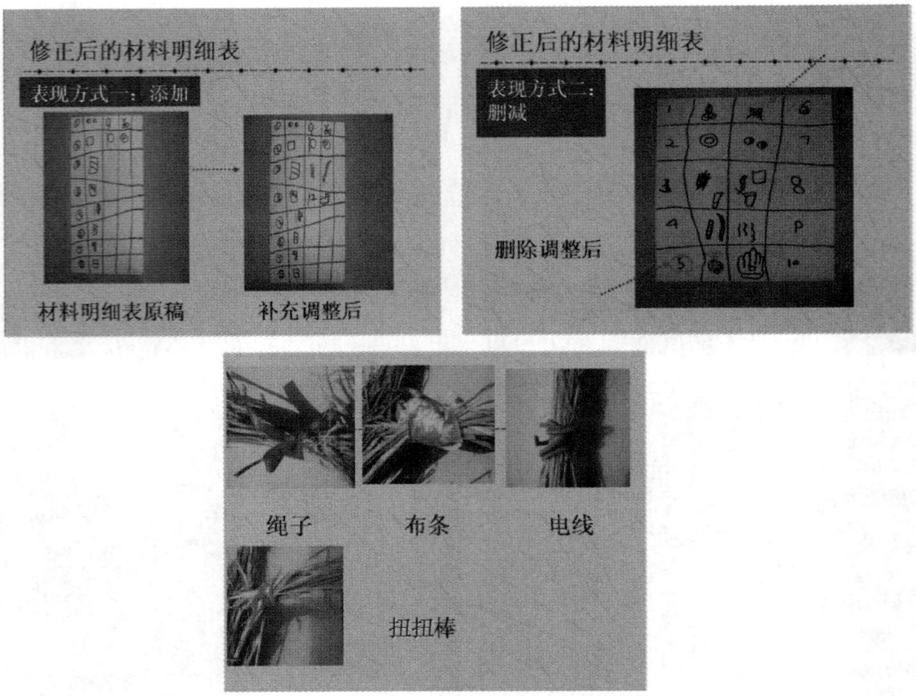

图 1-2-12　材料调整

行动五：欣赏我们的稻草人

作品完成后孩子们欢呼雀跃，不由自主地开始评价起来。“我最喜欢公主稻草人，它的裙子好漂亮！”“我最喜欢小博士稻草人，眼镜做得好！”……“老师，您说哪个最好？”有的孩子问。我说：“让我们请稻草人设计师们来介绍一下他们的作品。”于是，每一组孩子都信心满满地介绍起来：“我们的公主稻草人用白纱布做了头纱，还剪了皇冠，公主的项链是环形针连起来的。”“我们的博士稻草人，戴了黑色的博士帽，是纸芯筒做的，眼镜是用电线拗出来的。”……

最后，大家针对不同稻草人的特点评出了“最佳色彩奖”“最佳创意奖”“最佳可爱奖”“最佳合作奖”……

图 1-2-13　幼儿制作的稻草人

（案例提供：上海市黄浦区思南新天地幼儿园谢舫老师）

上述案例中的幼儿在种植活动后产生了制作稻草人的意愿。可见，在生活中幼儿能够自然地萌发创作的冲动。教师细致观察了解幼儿的需求，勇于突破传统框架，引导幼儿不仅去发现生活中的美，更用自己掌握的美术技能在生活中创造更多的美。

案例中教师及时有效地辅助幼儿的美术表现和创造。教师仔细观察孩子自行拟定的制作材料明细表后发现他们在选材设计中出现的问题，然后和孩子们讨论筛选材料，形成更适合后期创作的材料库。教师为幼儿的美术创作活动搭建了“支架”，促使他们的创作活动深入开展。材料明细表让幼儿尝试有计划地使用材料，规避了幼儿在制作中常见的拿到什么材料就用什么的现象。幼儿在制作过程中发现了部分材料在使用中的问题，自主地修改材料明细表，使后续的创作更为顺利。幼儿喜欢展示自己的作品，并愿意和同伴一起分享。在幼儿完成稻草人的制作后，他们欢呼雀跃，不由自主地相互评价起来。当有的幼儿提出“老师，您说哪个最好?”时，老师没有用美术技能的高低评判作品，而让幼儿进行自评和互评，促进幼儿相互欣赏，发现自己的优点，也看到别人的长处，培养幼儿初步的审美品鉴能力。

本单元要点

1. 美术教育对幼儿成长的意义

(1)美术培养儿童的审美思维；

(2)美术是儿童游戏的一种方式；

(3)美术是儿童表达认识与情感的一种语言；

(4)美术是促进儿童能力与心灵整体成长的工具之一。

2. 成人与幼儿在视觉艺术上的不同倾向

成人所长：形式美的文化	儿童倾向：自我的表达
目的性 理智的 形式美的效果 文化概念的表达	游戏性 感性的 过程的体验 自我体认的表达

3. 解决成人与幼儿视觉艺术矛盾的有效路径

(1)在了解与掌握幼儿美术能力发展的基础上，教师应该以宽容、尊重的心态对待幼儿的艺术表达，特别是对待变化的接纳与欣赏。

(2)将美术技能方法的学习与美术表达表现，划分为不同的课业类型，使教师的指导有较为明确的方向与侧重。

(3)不断丰富自己对美术的了解与热爱，增进幼儿美术教学设计的艺术性。

(4)在美术活动中找到教师的位置，以朋友、欣赏者、合作者的姿态面对儿童。

4.《纲要》中的幼儿美术教育目标和教育要求、指导要点

(1)能初步感受生活和艺术中的美；

(2)喜欢艺术活动，能用自己喜欢的方式大胆地表现自己的情感与体验；

(3)乐于与同伴一起娱乐、表演、创作。

5.《指南》中艺术领域的目标和教育建议

感受与欣赏：(1)喜欢自然界与生活中美的事物；

(2)喜欢欣赏多种多样的艺术形式和作品。

表现与创作：(1)喜欢进行艺术活动并大胆表现；

(2)具有初步的艺术表现与创造能力。

6. 幼儿美术教育活动的开展原则

活动设计与指导应充分考虑并融入以下几个因素，即好玩、好看、贴近儿童生活、鼓励动手、尊重创造。

7. 幼儿美术教育活动的主要途径

(1)集体美术教育活动；

(2)区域中的美术教育活动；

(3)生活中的美术教育活动。

模拟练习

1. 作为一名幼儿教师应该对哪些方面进行不断学习与探索，才能胜任本学科的教学工作？

2. 幼儿美术教育观有哪些基本的观点建议？

3. 简述美术对幼儿成长的意义。

4. 试述成年人可以用怎样的内容、方法来培养儿童的审美思维。

5. 举例说明你对“美术是幼儿表达认识和情感的另一种语言”的理解。

6. 试述幼儿美术活动与游戏的关系。

7. 为什么说美术是促进儿童能力与心灵整体成长的工具之一？

8. 你认为成人与幼儿在美术方面存在那些矛盾？试述解决这些矛盾的途径与方法。

9. 简述《纲要》中的幼儿美术教育目标。

10. 简述《指南》中幼儿艺术领域的目标。

11. 简述幼儿美术教育活动开展的原则。

12. 简述幼儿美术教育活动的主要途径。

学以致用

1. 根据《纲要》，在日常及美术活动中需要教师做什么，以具体行为举例说明。

2. 请学生分小组完成《指南》目标和教育要求的思维导图的绘制，并请小组代表对各自小组进行讲解和说明。

第二单元

幼儿美术活动设计与课堂实施

思维导图

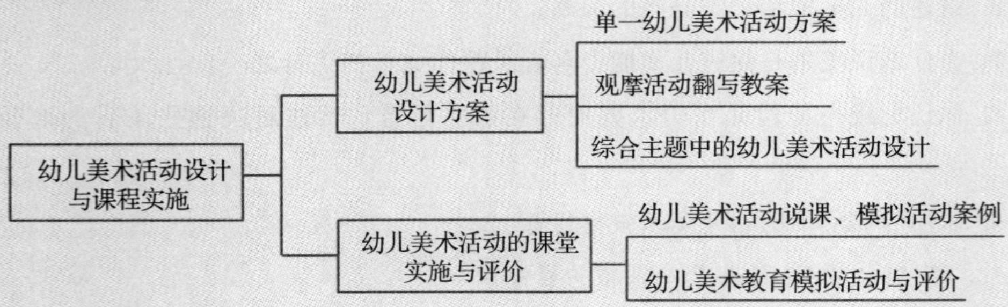

学习目标

1. 学习并掌握单一幼儿美术活动方案设计和撰写方式。

2. 观摩单一幼儿美术活动，并尝试将此活动翻转成完整的教学活动方案。

3. 学习了解综合主题美术活动设计思路与方法。

4. 以小组为单位完成幼儿美术活动的设计与课堂实施，包括说课、模拟、教研三个主要环节。

图 2-1-1 学生课堂模拟活动现场

第一讲

幼儿美术活动设计方案

一、单一幼儿美术活动方案

幼儿美术活动的开展，无论是形式还是内容，都是非常丰富和多元的，把它放到一种设计模式中并非是最合理的选择。但是为使初学者能较明确、全面地掌握幼儿美术活动过程的设计方法，我们先向大家介绍单一幼儿美术活动开展的一般环节，包括选择内容、制定目标、活动准备、活动过程、效果分析与反思五个环节，它们既是儿童美术教学活动的设计环节，同时也是一份完整教学方案的重要组成。沿着这种方案设计的思路，进行幼儿美术活动设计的学习、尝试、课堂模拟实施，能够使初学者尽快掌握开展幼儿美术活动的常规模型，为各种综合、系列以及领域间互动性的美术活动合理的开展和设计奠定基础。

（一）选择内容

幼儿美术教学的内容，体现在教案中是课题的名称，体现在过程中是整个美术活动所要围绕的主要内容。在教学方案中，一般我们还会以设计意图这一项，对本次教学内容的选择确定做出相应的说明，对于教师来说这也是用文字梳理自己选材的过程。它的来源方式并非唯一，既有教师根据优秀活动素材做出的选择，也有从幼儿的各项生活活动中延伸，在儿童的成长需要中生成的。

教师选择的内容，首先应该是自然、生活、艺术品中富有美感的事物，其次要注意所选内容的科学性与合理性。可以从设计原则出发，做到内容有趣，贴近幼儿生活；在技巧上符合本班幼儿能力发展与接受水平；注意内容的投放契合当前季节与时事；注意不同内容之间知识技能的连贯性与衔接。教师特别需要注意在教学方式方法上要多动脑筋，以吸引幼儿主动热情地参与，在教学过程中注意保持孩子们的活动兴趣，培养孩子们良好的行为习惯。

在儿童的成长需要中生成的内容，往往是孩子们较有热情地去学习与完成的。由于内容并非教师预先准备，对大多数教师来说，较大的困难往往是如何提供完成此内容的技巧支持。教师应放松心态，和幼儿一同探索造型表达的方式与技巧，以多种方式帮助鼓励幼儿将需要转化为他们的生动表达。这是一件十分有创意的工作，要经历和儿童一起面对、一起思考、一起尝试的过程，教师也将与儿童一同体验探求过程与结果带来的乐趣。

(二)制定目标

制定教学目标，首先要明确我们制定的是一次具体的美术活动目标，所以它的表述和思考范围，一定要具体明确，切忌空泛无法具体落实和对应考查，诸如“发展幼儿的想象力、创造力”“培养幼儿对美术活动的兴趣”“培养幼儿的手眼协调能力”“锻炼发展幼儿的小肌肉”“培养幼儿的审美能力”等模糊、不具体、不明确的大目标，而应具体明确地制定出一目了然的与本次活动相对应的清晰目标。诸如，“欣赏油画《向日葵》，知道这是画家凡·高的作品”，“练习剪曲线，为小雨伞制作大小不同的旋涡纹装饰”，“学习并养成室内水粉画的常规习惯(摆放、涮笔、拭干、换水等)”。

当然，所有的幼儿美术活动目标，首先是在《纲要》《指南》等相关文件与要求的大背景下，遵循其教育思想与方向。同时活动的教育目标，要从本班幼儿的现有能力、发展水平、兴趣需要做出考虑，对本次活动要引导幼儿认知的内容，练习的技巧，发展的能力，培养的行为、习惯、态度确定具体的目标内容。设定目标能使教师有效地设计教学环节，检验教学成果，增强教学的有意性，避免盲目性，并能在不断积累中提高教学质量。

目标制定的主要依据：

(1)《纲要》《指南》中关于幼儿艺术教育领域的大目标。

(2)各年龄班幼儿美术能力的发展水平，特别是本班幼儿的身心能力与兴趣需求。

(3)本次美术活动内容在审美感受、体验认知、创作方式或技巧、常规态度等方面的具体目标。

目标表述方向及顺序参考：

(1)体验和认知目标。

(2)技能和创造目标。

(3)修养和态度目标。

每一次活动可能综合以上各项指标，也可能会侧重于某几个目标的达成，在制定时要根据具体的活动灵活取舍与兼顾。在活动中也可以根据实际需要做合理的调整与变通。要懂得目标是预定的，而幼儿的活动是生动鲜活的，要解决好目标与实际状况的矛盾，要着眼于幼儿的发展，注重幼儿整体的成长。

目标制定案例：

中班幼儿印章画：《美丽的花裙子》(母亲节送给妈妈的画)

活动目标：

(1)感知欣赏几种花卉的色彩和造型特点。

(2)能运用不同形状的小印章，在印有服装轮廓的画纸上，进行花卉造型的创作和装饰。

(3)母亲节送上自己亲手制作的礼物，培养幼儿关心妈妈、爱妈妈的情感。

(三) 活动准备

活动准备包括经验准备与物质准备，物质准备又包括教具准备和学具准备。

经验准备即幼儿完成此项内容所需具备的前期经验，包括认知、操作、心理、情感等多方面的准备。只有在具备一定经验水平的情况下，才能支持幼儿愉快、顺利地完成新的学习与表达，即将教学内容设计在幼儿的最近发展区内。这也需要教师真正掌握幼儿的发展阶段，充分考虑要更好地完成此次活动，幼儿需要具备的经验与能力有哪些。

物质准备即完成此次美术活动所需要的各种物质材料，包括教师使用的材料和幼儿使用的材料，在教学方案中一般表述为教具和学具。教具是此次活动中教师要使用到的所有用具，包括课件、图片、实物，甚至操作时的背景音乐播放设备。学具在一次具体的活动中更要清晰明确，在幼儿人数确定，小组数量确定的基础上，材料的名称、数量、配比、准备程度，甚至摆放位置，都要考虑周到，表述清晰，使其他人通过阅读教案可以清楚地了解此次活动的材料与内容。

活动目标和活动准备的案例

活动名称　美术欣赏活动《青花瓷盘》(大班)

活动目标

1. 欣赏青花瓷盘，初步了解其纹样装饰的特色，感受其独特的色彩和纹样美。

2. 在一次性纸盘上，尝试青花图案特色的装饰性创作。

3. 能在民族音乐的氛围中，安静细致完成绘制。

图 2-1-2　青花磁盘

活动准备

经验准备：先在家中观察自己家盘子的花纹和图案，有一定图案和线条绘制的基础。

物质准备：

教具——PPT课件(普通盘子图、青花瓷盘图、绘制青花瓷盘的步骤图)，舒缓的民族音乐，白色一次性纸盘一个，蓝色马克笔，作品展示墙，双面胶。

学具——幼儿四人一桌，一个防水桌布/桌，一个一次性纸盘/人，一支蓝色马克笔/人。

(四) 活动过程

活动过程实际上是根据活动内容与目标，对此次美术活动开展的顺序与方式进行的具体设计。其中涵盖整个活动的主要环节及顺序，一般由导入与交流演示、幼儿操作与教师指导、结束与分享、活动延伸等几大环节组成。对有经验的教师来说，过程提示可能仅仅是一份简单的列表，而对新教师来说，必须详细写明每个环节所采取的教学方式、方法。

特别是具体的启发性提问与关键教学语言，最好使用直接引语在教案中进行表述，即直接将对幼儿使用的教学语言，用双引号写在教案中，如“请小朋友们仔细看一看，小鱼的尾巴是什么形状?”“这张画中都有哪几种颜色?”这是保证活动顺利开展的基础，也是教师备课过程中需要重点准备和掌握的内容。

幼儿操作环节在教案中应写清教师对本次活动的具体操作要求，包括操作步骤、方法，操作中应注意的问题。有需要的话，应该标注出活动的重点和难点，以及难点的解决方式。还应根据活动内容，预设教师帮助指导幼儿的具体内容和方式。此外，在过程提示之后可以预计活动的延伸，也可根据活动内容自然生成或省略，延伸到本领域或其他领域均可。

(五)效果分析与反思

效果分析与反思是在教学方案的最后预留的一项内容，是在活动结束后对活动实施效果进行的分析与反思。用以检验活动设计的科学性、合理性，记录在活动中随机出现的有价值的案例，从而积累教学经验，作为今后教育实践的依据，有效促进教师教育能力的不断提升。效果分析实际上也是对本次幼儿美术活动进行评价的过程。它一方面是对美术活动设计的评价，另一方面也会增进教师对幼儿美术能力发展状况的了解。前者是针对教师的美术活动设计、组织、效果的评价，目的是通过评价，梳理教学脉络，分析成功与不足之处及原因，为更好地开展幼儿美术活动服务。后者则是针对幼儿的美术能力、表现、作品的赏析，通过赏析了解幼儿的发展和思考，作为今后的教育依据。幼儿的美术活动是动态的，它依赖于幼儿的年龄、生活、思想、感情和能力基础，综合灵活地进行分析和反思，才能真正有效地促进教师、幼儿的共同成长。当我们从动态的角度出发，无论是幼儿的作品，还是一次美术活动，都会带给教师丰富多元的启示。在实际工作中除了教师的自我反思，有时候也会有集体的教研和反思。作为初学者，如果能和大家一起对教学方案设计与实施活动进行教研分析和反思，可以在很大程度上互相取长补短，加速教育能力的提升。

二、观摩活动翻写教案 ●●●

请大家观摩一个幼儿美术教育活动，并对活动中主要环节，教师的教学语言，教学中使用的物质材料等做记录。依据活动记录，将本次活动按照所学的教学活动设计程序和表述要求，整理成一份完整的教学活动方案，其中设计意图、活动延伸两项可以省略。

图 2-1-3　幼儿制作可爱的小鱼

【教学方案参考格式】

活动名称

（年龄班）

设计意图：（略）

活动目标：体验和认知目标，技能和创造目标，修养和态度目标

活动准备：经验准备、物质准备（教具、学具）

活动过程：导入与交流演示（按步骤详细叙述）、幼儿操作与教师指导（重、难点，操作顺序及注意问题，教师引导或支持的主要内容与方向）、结束方式与交流分享

活动延伸：（略）

效果分析与反思：对本活动的观摩反思

三、综合主题中的幼儿美术活动设计

幼儿园主题教学活动一般都是综合性的，依据幼儿的探究能力和兴趣开展为期不等的系列活动。在主题统领下，生成一些相关的小主题，如语言、科学、艺术、健康、社会等各领域主题。美术活动作为引导幼儿认知感受、记录表达、参与操作等的主要方式，成为综合主题活动的重要组成。

（一）幼儿园综合主题美术活动介绍

幼儿园综合主题活动中的美术活动，可以分为“主题背景下的美术活动”“以美术为主题的系列活动”两类。这两类活动都以“主题活动”形式开展，但在“美术”与“主题”的关系上又有所不同。

图 2-1-4　幼儿剪纸粘贴

1. 主题背景下的美术活动

主题活动以一个主题为线索，围绕这一主题各个领域活动相互交织，以达到促进幼儿全面发展的目的。在主题开展之初，教师应根据幼儿的年

龄特点、兴趣、主题价值等方面确定主题活动的总目标，各领域活动依据总目标进行设计、开展。

案例 2-1-1　中班主题活动“爱护地球妈妈”

幼儿在阅读绘本《如果地球被我们吃掉了》时，发现绘本中的绘画风格非常特别，是以剪纸粘贴画的形式制作的，教师抓住幼儿的这一兴趣点，为幼儿提供了大量的相关绘本、图片、视频。

引导幼儿讨论制作剪贴画的方法，师生共同收集所需要的材料。与家庭合作开展“小小设计师”的废旧材料利用活动，将幼儿园教育引入家庭，从我做起，爱护环境。整个活动围绕着大主题，用幼儿感兴趣的方式，从身边的小事做起，在游戏中不断加深幼儿对“环保”概念的理解。

图 2-1-5　幼儿收集的废旧材料

图 2-1-6　幼儿合作完成剪贴画

·拼贴出的世界——由《如果地球被我们吃掉了》带来的乐趣·

（案例提供：天津市河西区第四幼儿园穆怡文老师）

2. 以美术为主题的系列活动

美术活动既好玩又好看，不仅能提高幼儿的审美能力、动手能力，更能培养幼儿乐于探索、善于发现、与人合作等方面的综合能力，因此美术活动也越来越多地被作为主题活动开展。

案例 2-1-2　小班主题活动“有趣的拓印画”

图 2-1-7　绘本《小黑鱼》

老师结合小班幼儿正处于涂鸦期、绘画能力有限、喜欢游戏操作等特点，选择了拓印画作为主题，活动前期为幼儿提供了相关的绘本《小黑鱼》，在阅读绘本的过程中引导幼儿发现书中的绘画方式——拓印。

·《小黑鱼》带我们走进美丽的海底世界·

图 2-1-8　拓印塑胶花纹

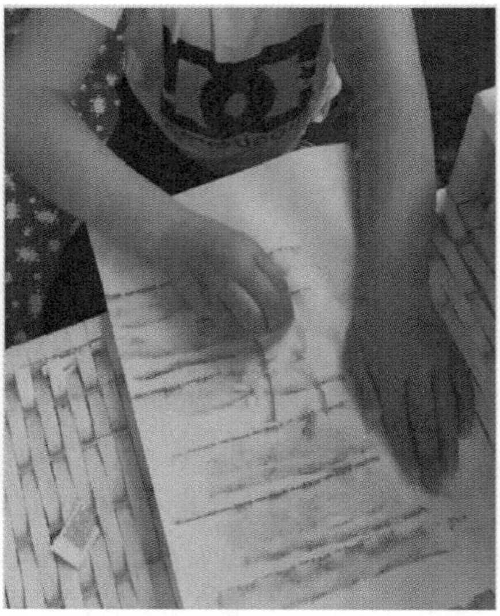

图 2-1-9　拓印竹编花纹

图 2-1-10　树叶拓印

图 2-1-11　幼儿集体拓印作品

通过一系列的活动，幼儿已经充分了解了拓印的方法，并开始寻找、利用生活中的各种物品进行游戏。

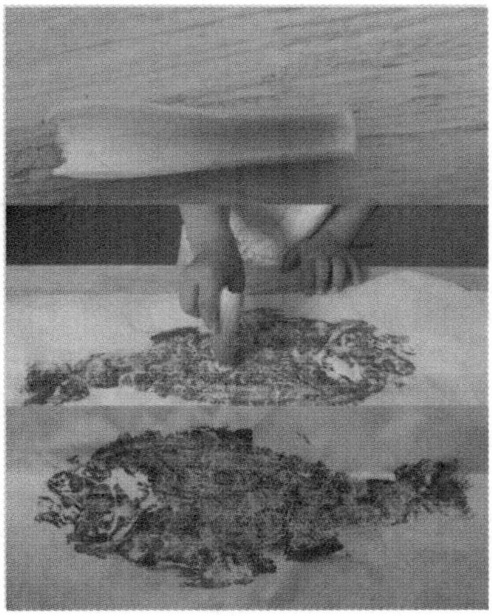

图 2-1-12　拓印游戏

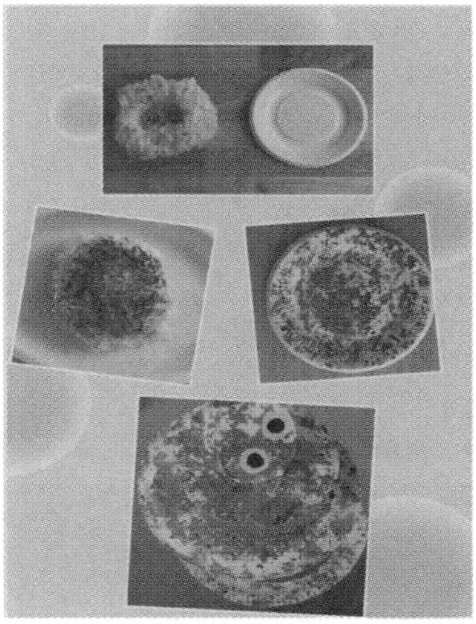

图 2-1-13　拓印制作

将美术作为一种游戏性学习方式，对主题活动起到了支持和促进的作用，也使得美术教学从被动接受变为主动获取，幼儿对美术活动的兴趣也大大提高。

（案例提供：天津市河西区第四幼儿园李瑷萍老师）

(二)综合主题美术活动的设计思路与方法

幼儿园活动丰富多彩，没有固定的内容及形式，但无论是哪种内容形式，设计思路都包括确定主题、制定方案、实施方案。

1. 确定主题

主题性美术活动具有综合性、开放性的特点，既要符合幼儿年龄特点和认知水平，又要突出“以儿童发展为本”的基本原则。主题的选择决定着课程实施的效果，教师既可以根据幼儿发展总目标选择主题，也可以根据幼儿兴趣生成主题，因此教师在选择主题时一定要基于对本班幼儿能力水平的充分了解，在幼儿兴趣点与既定目标之间找到平衡。

案例 2-1-3　大班主题活动“昆虫”

夏季到了，教师根据幼儿对蜻蜓、瓢虫等昆虫的兴趣，以及《指南》中提到的5～6岁幼儿“能察觉到动植物的外形特征、习性与生存环境的适应关系”(科学)、“能用多种工具、材料或不同的表现手法表达自己的感受和想象”(艺术)等目标生成了主题活动，其中《美丽的凤蝶》《昆虫化装舞会》都是幼儿在对主题内容有了丰富经验后，以美术的形式进行表达创作的。

图 2-1-14　幼儿绘制凤蝶的生长记录

图 2-1-15　幼儿手工制作纸昆虫

图 2-1-16　幼儿戴自制面具表演

2. 制定方案

在制定方案的过程中，我们应该根据《纲要》《指南》中幼儿发展状况的描述，以《纲要》中关于幼儿艺术教育目标为依据，结合本班幼儿的实际发展情况，首先确定主题活动的总目标，其次确定子活动目标。应该注意的是，子活动可以由教师提前制定，也可以根据幼儿在主题活动中的兴趣生成，无论是哪种形式都应顺应“以儿童发展为本”的原则。

3. 实施方案

主题美术活动不同于单一美术活动，所涵盖的内容更为丰富，形式更为多元，活动时间也更灵活，因此对教师整体把控的能力要求更高，在实施过程中应注意以下几点。

(1)遵循主题注重活动设计的条理性，循序渐进。

主题美术活动是由各个子活动串联组成的，子活动之间互为基础、互相关联、层层递进、主旨统一。幼儿在一个个小活动中不断丰富与主题相关的生活经验、认知经验，最终实现各方面能力的发展。因此教师在实施方案时要时刻做到“心中有大目标”，设计实施子活动时要遵循由简到难，层层递进的原则，有条理地为幼儿铺垫相关的知识经验。

(2)围绕主题灵活设计教学方法，开展多样性的特色活动。

丰富多彩的教学方法，对于喜欢新鲜事物的幼儿来说具有很强的吸引力，教师采用灵活多变的教学方法，可以更好地激发幼儿对美术活动的兴趣和热爱。老师应围绕主题内容，设计相关的绘画、手工类的操作活动与游戏，与各领域穿插组合，开展丰富的幼儿活动。

案例 2-1-4　大班主题活动“家乡的桥”

在幼儿对各类“桥”的建筑特征有了一定了解后，教师与幼儿一起远足，到家乡河边沿线参观各种不同材质、形态的桥，这种亲历的体验方法大大丰富了幼儿的经验，再结合手工制作、积木搭建等活动，幼儿能有能力、有欲望进行表达表现。

案例 2-1-5　主题活动“我自己”中“我的自画像”

教师引导幼儿以“猜猜他是谁”“照镜子”等小游戏对自己的面部、形体、衣着的特征进行充分的观察，抓住人物特征，为自画像活动打下基础。正是多样的教学形式，开阔了幼儿的思维，引发幼儿无限的创作可能。

图 2-1-17　我的自画像

(3)根据主题提供丰富的材料，做好环境创设。

美术活动的特点就是可操作性强，作为幼儿园活动的重要形式之一，受到幼儿的喜爱，因此游戏材料的丰富性、可操作性也决定着主题活动的进行。教师应准备大量与主题相关的活动材料，做到常用常有，保证幼儿有充分的时间、空间、材料进行游戏，也可以与幼儿共同讨论游戏所需材料，引导幼儿为自己的创作寻找、积累材料，使幼儿成为环境创设的主人。另外，在环境创设方面应尽量与主题内容统一，这里提到的环境创设不仅包括材料提供，还包括主题墙饰、功能墙饰等。

案例 2-1-6　主题活动“自行车”

教师与幼儿一起利用自行车的各个零部件进行艺术创作，在区角内提供大量相关活动材料，教室内增添自行车元素，为幼儿营造创作的氛围。

图 2-1-18　幼儿收集自行车零部件

图 2-1-19　幼儿用零部件完成的制作

总之，幼儿园综合主题活动是幼儿园教育教学中非常普遍的一种形式。因此，综合主题中的美术活动开展，也会在单一美术活动的基础上，成为幼儿园教师必须明确和胜任的教学内容。努力完成美术教学内容与幼儿园各学科的完美嵌合，服务于幼儿的完整认知、学习和成长，促进幼儿的全面发展是我们活动设计与开展的目标和方向。

第二讲

幼儿美术活动的课堂实施与评价

一、幼儿美术活动说课、模拟活动案例

·"说课活动"视频·

这是一组初学者通过分工合作完成的幼儿园美术活动设计，他们在课堂上完成了说课和模拟实施任务。通过精心设计和准备，他们在幼儿美术活动设计与实施的实践方面，获得了真正的锻炼与成长。所有参与观摩与教研的同学也增长了见识，学习领会到许多细节要领，并且对此次活动提出很多有建设性的建议。可以说活动设计的课堂实施是初学者获得专业成长非常好的途径。大家可以参考他们的活动，尝试简单地教研，完成好自己的活动设计与说课、模拟任务。

图 2-2-1　学生课堂实践后在幼儿园进行实践教学活动

需要说明的是，因为课堂实践时间有限，所以我们将实施重点更多地放在了活动设计和教学开展部分，对于幼儿的指导可能不够深入。这一点需要我们在今后的具体工作中再认真感受，将关注重点从活动设计和组织，转移到对幼儿需求与发展的充分关注和支持。一般来说，一样的活动设计在幼儿园里的真实实施总是比课堂模拟的效果更好。图 2-2-1 就是本组同学在课堂实施基础上加以完善，在幼儿园实习期间完成的同一个活动内容。通过幼儿的作品可以看出，这是一个既富有审美性又富有操作性的幼

儿美术活动。孩子们对活动的喜爱，也使得实施活动的同学获得了开展好幼儿美术活动的巨大信心。

教学方案参考：

活动名称：美丽的城堡

（中班）

［设计意图］

本周我们开展了了解世界各国建筑的活动，孩子们都很感兴趣并且积极地学习，为了让孩子更好地了解建筑，我们班开展了有关欧洲建筑的一个主题活动。我们通过图片让孩子了解欧洲的城堡，开阔孩子们的眼界，丰富他们对世界的认识。

［活动目标］

(1)初步了解城堡建筑的基本特征。

(2)尝试用纸板推画和彩笔添画的方式绘制城堡。

(3)感受纸板推画操作的乐趣和画面的色彩造型美。

［活动准备］

经验准备——对城堡有一定的认识。

物质准备——教具。PPT(各种造型的城堡图片)、硬纸板，图画纸，调配好颜色的水粉，水粉笔，水桶，抹布。

学具。幼儿四人一桌，桌布，硬纸板，A4彩色复印纸，调配好颜色的水粉(红、黄、蓝、绿、棕)，水粉笔，水桶，抹布(数量均与幼儿人数相匹配)。

［活动过程］

一、导入与交流演示

1. 回顾城堡的基本特征

师：“小朋友们，今天我遇到了一位公主，她带我去看了一座特别漂亮的房子，你们知道这叫什么房子吗?”

师：“它就是城堡，是欧洲的建筑，让我们一起来看看它是怎么组成的吧。”

师：“刚刚小公主和我说她也想有那么漂亮的城堡，我们一起给她建一座城堡吧。”

2. 教师示范操作方式

师：“我们现在把纸竖起来，选择三种颜色，用纸板带着颜色向上拉。”

师："我们在拉的时候用力要均匀，高度要不一样，有没有小朋友想上来试一下？"

二、幼儿操作与教师指导

作画步骤：(1)找好位置置入颜色。

(2)用纸板向上推画。

(3)添加细节。

重点：完成对色彩的推画。

难点：推出高低错落的造型，添画有特色的细节。

三、结束与交流分享

集中展示幼儿作品，请所有幼儿自由交流与欣赏。

师："小公主住进了我们为她准备的城堡很开心，在屋子里又唱又跳，玩累了就睡着了，我们明天再来找她玩吧。"

[活动延伸]

继续开展其他建筑类型欣赏与好玩的技法画相结合的美术活动。

[活动反思]

(略)

二、幼儿美术教育模拟活动与评价

(一)幼儿美术活动课堂实施任务

接下来我们将在课堂上完成幼儿美术活动的开展任务。具体地说就是要自己选材，设计幼儿美术活动，并在课堂上完成活动。只有亲自着手，完成各种细节的考虑和准备，大家才能够真正地体会到一次美术活动的开展需要教师的哪些能力和付出，在接下来的各种学习中，大家也会更加有目地地去学习相关知识。

为了让大家更好地完成任务，建议大家先自愿结合组成小组，每个小组最多五到六名同学。然后以小组为单位完成活动设计与实施的任务。在本单元，以及第三至第五单元，都涉及要在课堂上完成幼儿美术活动设计和实施的任务，所以分好小组后，我们将会在课堂上以每单元实施两组左右的进程，完成具体任务，同时还包括实施后的具体教研活动。根据具体的人数和课时我们也可以对分组或活动时长作出合理的调整。以下是每单元实施两组的具体要求。

以小组分工合作形式，在课堂上完成一个幼儿美术活动的设计与模拟实施。

小组同学的课前准备主要包括：活动方案撰写、说课及授课的准备(课件)、教学物质准备等。课堂实施主要分为三个部分：说课部分、模拟授课部分、反思教研部分。大家按要求完成全部活动设计、展示、教研任务，并获得本学科的实践成绩。

每组同学完成任务的时间大约为45分钟。其中说课约5分钟完成，授课20～25分钟完成，需要同学们自行做好内容和时间上的安排和分配。在小组模拟说课过程中，全体同学由教师组织，通过教研完成听课记录和教学研讨。说课后教研约5分钟、授课后教研约10分钟，也可视情况合并教研。

1. 小组完成任务的具体要求

(1)A4规格打印版教案一份，包括小组分工名单、说课及模拟PPT课件讲义。

(2)提前做好所有说课、模拟活动的环境、场地布置及物质准备。

(3)课堂上完成说课任务，完成模拟授课任务，完成教研和反思任务及记录。

①说课环节基本要求：

说课同学必须脱稿，且语速适中，清晰准确地完成说课任务。说课内容是将本节课的教学设计给所有同学和老师介绍清楚。需配PPT课件，内容应为完整教学方案的清晰分页显示，包括活动名称、设计意图、活动目标、教学准备、教学环节(分步骤写，启发性的提问与交流体验设计，具体教学方法的使用说明)。PPT的作用是便于听课同学参考、了解本次活动设计的内容。说课结束后教师和同学可以进行提问，说课同学需给予解答。之后，还可请听课同学根据简要记录，尝试复述教学设计。

②模拟授课基本要求：

授课可根据活动内容选配PPT，并进行相应的教具准备，场地布置。根据幼儿人数做好充分的教学物质准备。在课堂上现场完成教学模拟与展示。一般包括导入、交流、提问环节，布置任务体验操作环节，结束分享环节。除本组同学外，也可以邀请部分其他组同学，参与模拟幼儿配合教学，注意要配备相应的学具。模拟过程中，因为时间有限幼儿操作部分可能会有所压缩。请做好相应的准备与合理分配时间。

(4) 课后需将教案、活动反思等相关电子版文件，发至指定邮箱。

2. 全体同学完成任务的具体要求

(1) 小组代表说课过程中，全体同学进行简要记录：活动名称、年龄班、活动目标、活动准备、教学流程。说课结束后可以向说课的同学提问未听懂的内容，之后根据记录简要复述教学方案。在教师组织下对教学方案的设计进行简要有针对性的教研：对名称的合理性、年龄班设计难度、教学目标表述是否合理清晰、教学准备、教学过程的设计均可以提出想法。

(2) 在小组代表模拟授课过程中，全体同学要关注模拟教学环节的顺序，以及语言组织、启发性提问、指导与建议等，认真关注、感受活动内容的同时，随时发现有价值的讨论点，并记录细节。重点完成以下至少前三项细节内容的记录。

√ 优点的细节记录

× 不足的细节记录

Δ 关于某处建议的细节记录

? 有疑问内容的细节记录(可省略)

☆本节课中最令你心动的一个细节记录(可省略)

(3)在教师组织下，集体研讨本次模拟授课内容，提出本次活动的具体问题与建议，模拟授课小组的同学也可以反思本次活动，在这样具体有针对性的教研过程中，所有同学共同感受、分享、提升关于活动设计的细节与方法，互相学习，反思不足，获得成长。

(4)所有同学需要完成每一组的即时听课活动记录、教研记录，最后完成装订。

所有同学参与教研的反馈，计入过程性考核成绩。(见表 2-1)

表 2-1 说课、模拟任务简要说明表

课前准备	*任务小组： 模拟活动前需提交清晰打印版教学活动设计方案一份：写清班级组号，成员和具体分工(方案设计、课件准备、教具准备、教案、说课人、模拟人等)，做好PPT、教具、学具、活动环境安排、背景音乐等准备工作。 *全体同学： 准备记录用纸、笔
课上完成	*任务小组： 说课环节(5 分钟左右) 模拟环节(25 分钟左右) *全体同学： 1. 全体同学在说课环节记录： 活动名称、年龄班、目标、准备、教学流程。 2. 模拟教学环节记录： 关于语言组织、关键提问、思考与建议等的细节记录。 3. 在教师组织下进行有针对性的集体教研与讨论

（二）教研要点及评价参考

1. 活动设计

（1）选材新颖，活动效果符合好玩、好看、贴近儿童生活、鼓励动手、尊重创造的原则。

（2）目标清晰具体，感受目标、操作目标完整。

（3）本次活动内容、方法、难度适合所选年龄班。

（4）活动准备全面合理。

（5）教学过程设计合理，关键方法恰当，语言表述详略得当。

2. 说课、模拟

（1）说课同学的语言表述清晰准确，大方得体。对于同学和老师的提问能耐心地解答。

（2）参加模拟活动的同学基本素养好，教态亲切自然，活动组织能与设计相吻合，教学中应变能力强，能较完整地实践活动设计方案。

3. 反思、教研

（1）能较流畅地完成教学说课的记录，并能简单复述。

（2）在教研活动中能结合细节记录，提出对本次教学模拟有价值的建议。

本单元要点

1. 掌握单一幼儿美术活动方案撰写程序及要点。

2. 主题美术活动实施过程中应注意的问题

（1）遵循主题注重活动设计的条理性，循序渐进。

（2）围绕主题灵活设计教学方法，开展多样性的特色活动。

（3）根据主题提供丰富的材料，做好环境创设。

3. 幼儿美术活动课堂实施的评价要点

（1）选材新颖，符合幼儿身心发展规律和兴趣。

（2）目标清晰、具体、完整。

（3）活动内容、方法、设计适合。

（4）活动准备到位。

模拟练习

1. 简述单一幼儿美术活动方案的基本组成。

2. 如何为幼儿选择美术活动的内容？

3. 幼儿美术教学目标制定的主要依据有哪些？

4. 幼儿美术教学目标一般从哪几方面进行表述？

5. 幼儿美术教学中的活动准备包括哪些内容？

6. 幼儿美术教学中，活动过程的主要环节组成及顺序包括哪些？

7. 对于新教师来说，幼儿美术活动过程中必要表述内容有哪些？

8. 简述在活动方案中效果分析与反思的意义和作用。

9. 简述幼儿园综合主题活动中的美术活动分类。

10. 简述幼儿园综合主题美术活动的设计思路与方法。

学以致用

1. 观摩幼儿美术活动，完成教案翻转。

2. 按第一讲要求，完成幼儿美术活动设计：方案撰写、活动准备、说课、模拟、教研活动。

第三单元

幼儿绘画活动

思维导图

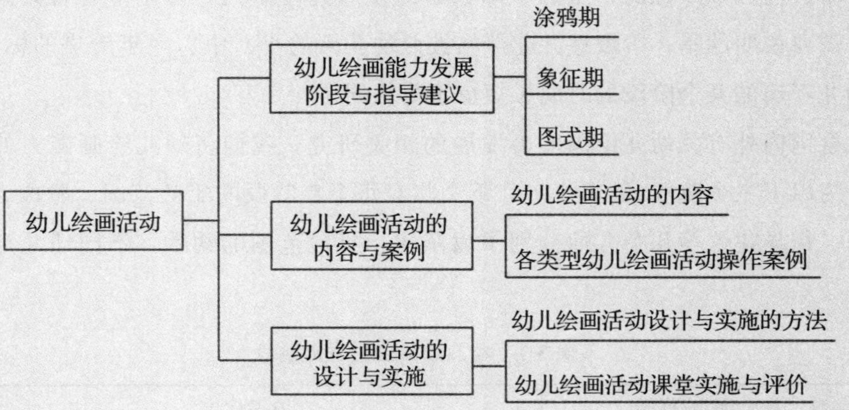

学习目标

1. 了解幼儿绘画能力发展的阶段性特点。

2. 了解不同类型的幼儿绘画活动内容，完成部分内容的操作。

3. 在参考、实践各类型绘画活动案例的基础上，独立设计实施幼儿的绘画活动，完成方案撰写、说课、模拟和集体教研。

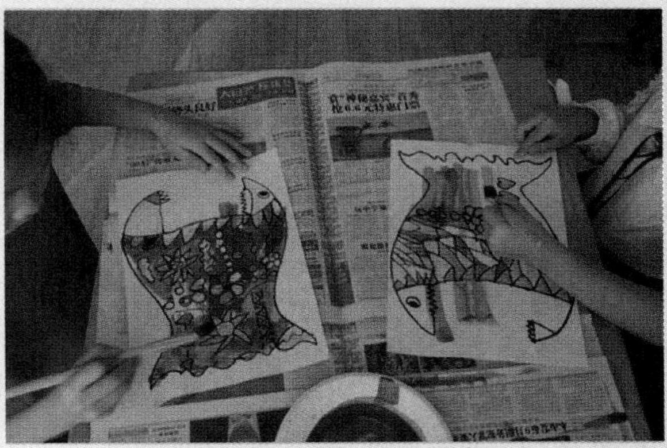

图 3-1-1　幼儿绘画活动

第一讲

幼儿绘画能力发展阶段与指导建议

绘画可以促进幼儿创造性能力的发展。世界各国的学者从各自的观点和立场出发，对儿童绘画能力发展问题做了大量细致的分析与研究，虽然他们的结论不尽相同，但在儿童绘画能力发展过程方面的观点基本上是一致的，即儿童绘画能力的发展是有阶段性和顺序性的，虽然不同孩子的发展速度不同，但是都有着共同的成长轨迹。需要说明的是，阶段性并非严格按照幼儿园的小、中、大年龄班的标准划分，每个幼儿经历的某个阶段的时间长短也不尽相同。

综合国内外有关幼儿绘画能力发展的相关研究，我们将幼儿绘画能力的发展概括地分为以下三个阶段(见表 3-1)，下文将对每个年龄段的年龄范围、阶段含义、表现特征、指导建议等几个方面分别予以阐述，年龄范围的约数，不同幼儿存在个体差异。

表 3-1　幼儿绘画能力发展阶段

阶段名称	年龄范围	阶段含义
涂鸦期	1.5～3 岁	幼儿的随意涂画期，从单纯的玩笔画线开始(肌肉运动)，转变为对图画的想象、思考阶段
象征期	3～5 岁	幼儿开始有目的地创造形体，从自创、简单、具有象征意义的符号式表达向图画过渡的阶段
图式期	5～8 岁	幼儿能画出图画性的作品，开始形成自己较为固定的表现样式的阶段

一般幼儿在 8 岁左右开始进入写实期，此时认知经验和知识更加丰富，空间想象力增强，喜欢描绘形象的客观真实状态，但是大部分幼儿的绘画技术却没得到及时提高，处于一个“眼高手低”的状态。由于不能把所看到的形象画得很符合客观实际，孩子往往会丧失画画的自信，不再像幼儿期那么喜爱画画了。

下面我们将从幼儿绘画发展的最初阶段开始了解和学习。

一、涂鸦期 ●●●

【年龄范围】1.5～3 岁

【阶段含义】幼儿的随意涂画期，从单纯的玩笔画线开始(肌肉运动)，转变为对图画的想象、思考阶段。

【表现特征】

大约在1.5岁，当幼儿能够抓紧东西时，开始用笔、木棍等在纸、地面、墙面等他们所能够到的物体上涂画。画面上只是一些杂乱的线条，这类线条被称为涂鸦线。画涂鸦线的时期被称作涂鸦期，可能要持续到三四岁。

幼儿涂鸦期的画面主要由一些点、线和不规则图形组成，以成人的眼光看，这些并不能称为真正意义上的绘画作品，但是涂鸦期对于幼儿的身心发展具有重要意义。整个涂鸦期一般会经过无控制涂鸦、控制涂鸦(纵线涂鸦、圆形涂鸦、图形涂鸦)、命名涂鸦几个阶段，虽然每个幼儿的阶段性时间并不一致，但阶段的顺序是一致的。

1. 无控制涂鸦

涂鸦期初期的幼儿似乎更关注自己的动作，满足动觉是最基本的动机因素。幼儿将笔抓握在手中，靠手臂的来回摆动决定线条的方向和长短，不需经由眼的控制，也无须手腕做太多的动作，因为他们的手腕手指都不够灵活。这种涂鸦动作，与婴儿无意识地摇动手臂，或用手举着玩具挥舞的动作是相似的。

图 3-1-2 无控制涂鸦

图 3-1-3 纵线涂鸦

图 3-1-4 圆形涂鸦

2. 控制涂鸦(纵线涂鸦、圆形涂鸦、图形涂鸦)

在不断地涂鸦过程中,幼儿逐渐发展了控制涂鸦动作的能力,发现可以以视觉控制动作,有意识地上下或左右画线。手的动作虽然谈不上与大脑和眼睛高度协调,但幼儿在绘画时已初步具有某种目的性,即有意画成半圆、三角形或其他各种形状。这种动作的出现无须成人的指导,是自然发展的结果,是幼儿在涂鸦过程中逐渐发现了某种形状的结果。这个时期的幼儿在画线时除了具有更好的手眼协调能力外,记忆能力已达到了一定的水平。一般情况下,这些"图形"是幼儿经过思考和计划而画出的,常想起自己画过的图形,并自发自愿地再现它们。但是这些图形常常不是单独出现的,而是与其他涂鸦线或者与其他图形相伴出现的。

3. 命名涂鸦

当有一天幼儿对着自己的作品讲故事时,如指着画面上的不规则的线条说"这是妈妈,这是苹果……""这是我昨天吃的面条……",别人可能看不出来,但实际上幼儿的思维已经发生了变化。在此之前,幼儿仅满足于涂画时动作和感觉上的愉快,而现在他把纸面上的视觉形象与外部环境中真实存在的事物联系起来了,开始意识到自己所画的图形与周围环境之间的对应。到这一时期的末期,画面的图形渐渐分化成简单的象形符号,开始准备迈向下一个发展阶段。大部分幼儿在涂鸦期并不会关注颜色的选择,画面也是杂乱无章的。

图 3-1-5　命名涂鸦

指导建议

1. 情感态度的建议

应为幼儿创设宽松、自由的环境,友善、宽容地对待幼儿的涂鸦行为与作品。让幼儿自由发挥,大胆作画,尤其对于刚入小班的幼儿,教师不应要求他们画出来什么,只要拿起作画工具在纸上愉快涂鸦就可以了,让孩子根据自己的感受,自由发挥,养成爱动笔的习惯。

2. 工具材料的建议

提供适当的工具材料，如大且厚一点的纸张、出水流畅且易于抓握的画笔，让幼儿在涂鸦过程中不会受到纸张大小、画笔流畅性以及操作舒适度等的干扰。

另外，小班初期幼儿由于手指小肌肉群还不是很发达，可以利用一些特殊有趣的绘画材料和形式，激发幼儿兴趣，如棉签画、手掌画、印章画、水彩或水粉涂鸦等，鲜艳的颜色、粗犷稚拙的形状，非常符合幼儿的审美特点；还可利用手工与绘画相结合的游戏形式，如撕纸添画游戏、橡皮泥添画游戏等激发幼儿的兴趣。

3. 教学方法的建议

(1)涂鸦初期教师要多鼓励少干预，让幼儿能安心大胆地进行各种涂鸦；命名涂鸦时期，要多和幼儿讨论他们的作品，鼓励幼儿大胆表述对画面形象的联想。多利用游戏的方式进行涂鸦活动，不必过分要求孩子必须在轮廓线内涂鸦，培养幼儿对美术活动的兴趣以及大胆涂鸦的能力。

图 3-1-6　幼儿涂鸦

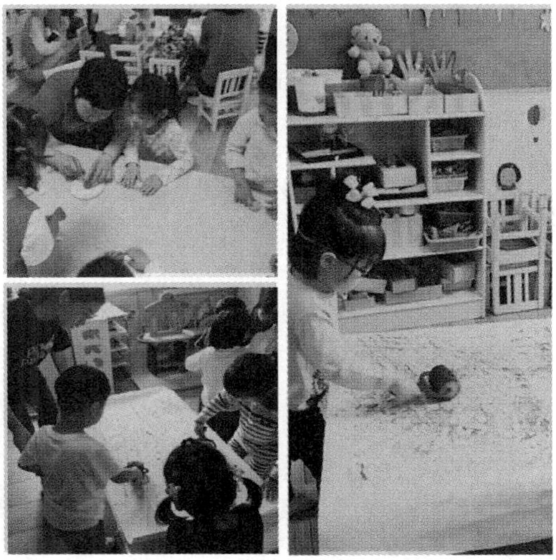
图 3-1-7　幼儿美术操作游戏

（插图提供：天津市和平保育院万怡老师）

(2)设计适合幼儿年龄特点的美术操作游戏，接触、熟悉各种美术工具材料。在刷一刷、印一印、团一团、撕一撕、粘一粘等简单且富有操作性的游戏活动中，培养幼儿对艺术活动的兴趣。

审美思维培养的建议：

让生活成为幼儿绘画的源泉。教师根据环境、季节的变化，来引导幼儿观察环境、体验生活，同时利用艺术作品、艺术环境、幼儿读物等让幼儿感受美，发展审美思维。

二、象征期 ●●●

【年龄范围】3～5 岁

【阶段含义】幼儿开始有目的地创造形体，从自创、简单、具有象征意义的符号式表达向图画过渡的阶段。

【表现特征】

3 岁左右，幼儿在绘画前，先有自己的意向或目的，再进行绘画表达，意味着幼儿进入一个新的绘画能力发展阶段——象征期。象征期是一个幼儿从涂鸦到图画的过渡时期，而且象征期和涂鸦期往往会有一段交错并行的过程。此时期幼儿能用所掌握的极简单的图形和线条将事物的特征表现出来，虽然看起来象征期的绘画表达结果并不一定比涂鸦期更形象，但却是幼儿通过自己尚不成熟的控制与组织，有目的地绘画创作的开始。

1. 造型特点

此时期的幼儿开始根据自己的观察角度与知识经验来表现物体，在成人看来，幼儿所画形象如同是一些“符号”的组合。它们抽象、简单、夸张、多变，有些符号极具典型特征，而有些符号则难以辨认。这常常是和幼儿的身体、心智发展相对应的。在他们的画面中，往往会突出和强调重要且有意义的部分。

图 3-1-8　幼儿象征期作品

人物画是此阶段常见的题材之一。幼儿早期画的“人”使人联想到蝌蚪，光光的脑袋上长着长长的尾巴，于是人们便称之为“蝌蚪人”。在早期阶段，幼儿由于知觉

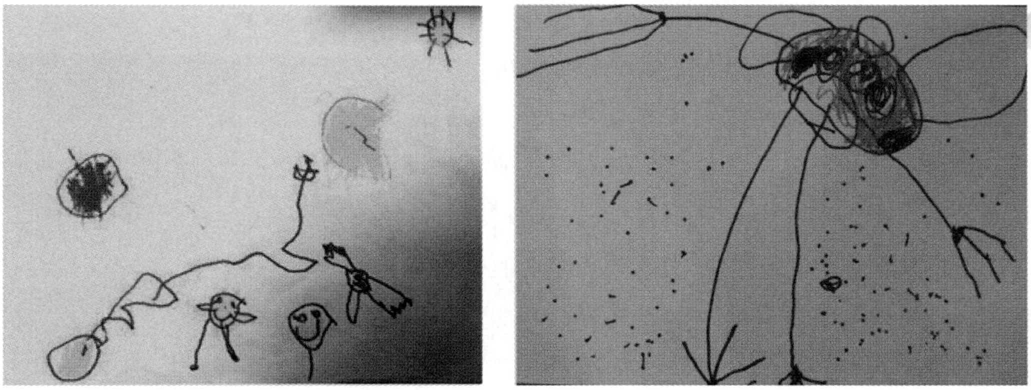

图 3-1-9 幼儿作品中的蝌蚪人

尚未分化，其绘画样式十分简单，用圆表现的不只是人的头部，而往往是整个人的身体。随着幼儿的成长，其知觉能力不断分化，绘画样式也日趋复杂。幼儿所画图形的象征意义越来越狭窄，越来越明确，越来越具有特定的含义。3～4 岁的幼儿一般都会根据成人的要求指出人体的一些部位和器官，或在别人画的人物中找出这些部位和器官。但是，幼儿绘画的样式仍服从于其知觉分化的水平，用圆和最简单的图形表现人体的各个部位。如果要求幼儿在“蝌蚪人”身上画上肚脐或衣服的纽扣，幼儿有时会不假思索地在蝌蚪人嘴的下部画上小圆圈，有时则会在两条竖线(圆形下方)之间画上小圆圈。在前一种情况下，幼儿所画的圆既代表了头部，又代表了躯干；在后一种情况下，两条竖直的线条既代表了躯干，也代表了下肢。

图 3-1-10 象征期人物造型

2. 色彩特点

在这一时期，孩子对颜色的认知有了更大的拓展，除了能辨认多种不同颜色外，还能辨认红色和粉红色等同种色，对蓝色与紫色等类似色也有一定的辨认能力，并开始对颜色表现出自己的喜好，一般他们对纯度高、明度高的颜色感兴趣。在绘画中他们会选用自己喜欢的颜色给物体涂色，偶尔也和情感有关。于是画面中不乏绿色的太阳、红色的头发、紫色的鼻子等非写实色彩。由于生理条件限制，初期的涂色表现为不均匀、无顺序，画面涂不满，或涂到轮廓线外面，逐渐地他们能用方向一致的线条较为均匀地涂颜色了。

3. 构图特点

这一时期的幼儿在画面上表现的形象较多，但物体与物体之间没有位置与大小的联系，形象各自独立，例如：一个表示妈妈的图形被画在纸的高处，一只小鸡可能被画在低一些的位置，一朵小花可能被斜画在纸的边上。此时幼儿还没有明确的空间概念，他们关心的不是位置和大小的视觉描述，而是简单的感官逻辑表达，画面构图具有随意性，还未形成超越自我的空间关系概念。发展到象征期后期，幼儿的画面基本是平行式排列构图。另外，象征期幼儿绘画有很多不稳定表现，很容易受到成人及同伴的影响。

图 3-1-11 幼儿作品

指导建议

1. 情感态度的建议

因为幼儿此阶段的画面简单抽象，教师更需要以尊重为前提和幼儿进行沟通、交流，要尽量用探究、了解的态度去欣赏和解读儿童画。由于幼儿年龄小，形象思维占主要地位，所以在绘画过程中，边画边说的现象较多，成人不要制止，可以插入背景音乐或帮助幼儿养成轻声交流和表达的良好习惯。

2. 工具材料的建议

提供多种绘画工具材料如油画棒、水彩笔、水粉毛笔、大张彩色画纸等。运用丰富的辅助表现方式，锻炼幼儿的动手能力，也能提高幼儿作品的审美性和丰富性。

3. 教学方法的建议

(1)以幼儿生活经历和体验活动为基础，创作出富有感受性的绘画。通过发掘幼儿感兴趣的主题内容，创设可以多角度、多感官体验的环境，展开绘画活动。例如幼儿学画波浪线时，可以用麻绳在园中地面上摆成波浪线形，让幼儿沿着麻绳走几遍，体会波浪线不断起伏的感觉，然后再画出感受到的线条。

(2)设计幼儿熟悉并喜爱的内容，运用游戏或互动等形式进行简单的绘画技能学习。让幼儿在反复练习与实践中提升绘画能力，增强自信。同时技能的学习能增强幼儿的控制力，使幼儿有控制地、较好地支持自己对作品内容的表达表现。

4. 审美思维培养的建议

引导幼儿多观察多感受，丰富幼儿对生活的体验，同时尊重幼儿独特的审美经验和审美表达。增强幼儿对美的欣赏和感受，可以是经典的艺术欣赏也可以是生活中美好事物的刺激和欣赏，如适合幼儿欣赏的精美绘本、喜爱的动画、大自然的美景、精美的橱窗等，都可以为幼儿带来美的感受，并为他们的绘画创作提供源源不断的素材。

三、图式期

【年龄范围】5～8 岁

【阶段含义】幼儿能画出图画性的作品，开始形成自己较为固定的表现样式的阶段。

【表现特征】

这一时期的孩子感知能力发展得很快，眼动的轨迹越来越符合物象的轮廓，手部的小肌肉群进一步发育，能表现出物象的基本部分和主要特征，成人不借助幼儿语言介绍也能看懂画面内容。幼儿常通过自身的观察、理解与多次实践，开始以较为固定的样式和画法表现不同的物象，几乎不变的太阳、花草、树木、房屋等形象在不同的画面中重复出现，也就是说画得比较概念化，因此这一阶段也被称为概念化表现阶段。

图 3-1-12　图式期幼儿作品

在图式期的早期阶段，还保留着象征期的绘画特点。表现物体也比较死板，但是画中各个独立图形开始出现融合的趋势。他们已开始意识到自己是环境的一部分，开始更多地关注别人的心理，以及外界环境与事物间的联系。

他们的构图逐渐开始具有层次感，但还不能把握物体的比例及近大远小的透视等复杂关系。此阶段幼儿作品开始有了一定主题，且所画形象都与主题有关，画面内容丰富，具有一定的情节。图式期是幼儿开始真正地用绘画的方法有目的、有意识地再现周围事物和表现自己经验的时期，也是幼儿绘画最具活力的时期。图式期幼儿的画面线条逐渐流畅、注重细节，色彩丰富、色调和谐均匀，并且开始意识到了空间关系。图式期是幼儿在美术方面开始有了强烈的表达愿望，同时又具备了学习需求与能力的时期。成年人在此时期所进行的引导会对其产生巨大影响。虽然是图画性质的表达，但是图式期幼儿的图画中，还是具有一些在成人看来很幼稚甚至奇怪的表现方式，而这些非常规的表现，都是和幼儿该年龄阶段的身心特点紧密对应的。以下介绍一些常见的表现特征，提醒成人教导者，一定要从理解幼儿的身心特点出发，去欣赏和理解幼儿的绘画表达。

1. 拟人化表现

幼儿会从以自我为中心的角度体会所有的事物，并认为它们都和自己的感受一致。幼儿把无生命的物体或有生命的动植物画得和人一样，不仅赋予它们生命，而且赋予它们一切人所具有的特点和本领。如像人一样行走的动物、有着人类丰富表情的植物、器具等。

图 3-1-13　拟人化的表现

图 3-1-14　采摘果子

2. 夸张的表现

儿童受自我中心主义心理的影响，画自己所知所感时，常常把外界给自己强烈的感受，用夸张的手法表现出来，把印象最深的、认为最重要的内容画得很突出，以说明其重要性，而对没有注意到的地方就忽视和遗漏，这是幼儿意象表现的特征。

如图 3-1-14，为了能够摘到树上的苹果，画中的孩子手臂被表现得很长。

3. 透明的表现

儿童绘画时有一种求全心理，他们经常把看不到的内部情景和外部情景一起画出来，比如楼房里的人与物、汽车里的司机和乘客、袋子里的东西、吃到肚中的食物等，都可以看见，如同被 X 射线透视过一样，这种画法不是学来的，而是这一时期儿童知觉特点的自然体现。

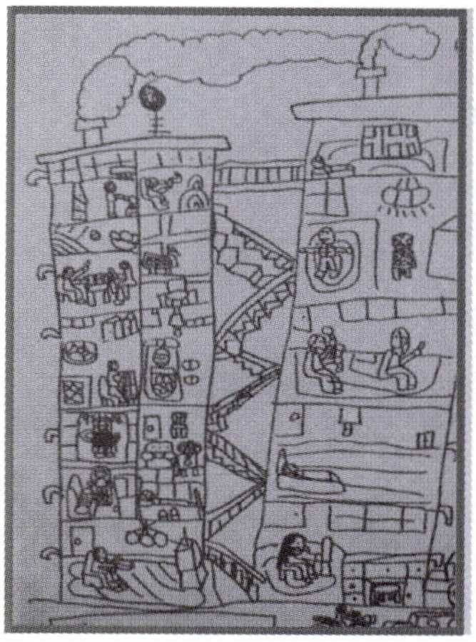

图 3-1-15 透明的楼房

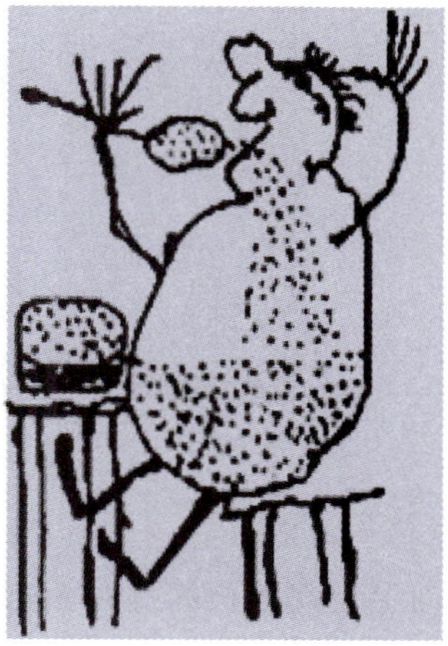

图 3-1-16 德国儿童画《吃饭》

4. 多样化的空间表现

(1)散点式构图

空间知觉是一种复杂的知觉，人通过感官对物体产生大小、远近的空间知觉。儿童由于受空间知觉的限制，不能以合理的透视观念进行画面表现，所以在画中表现为多点、散点的透视结构。

图 3-1-17 奔跑的斑马

（2）多层并列式构图

许多想法和体验在这一时期得以展开，儿童会发现一条地平线不能足够清晰地表达他们的想法，于是便出现了多条基线。如图 3-1-18 画面出现的基线，显示了作者对空间概念的敏锐理解。

图 3-1-18 郊游

（3）俯视与展开式构图

幼儿在画面中表现复杂的透视角度会比较困难，比如前后左右都有的视角，他们会受自我中心意识影响，在表现画面空间上做简单的处理，俯视与展开的方法便于表现物体互不遮挡，把画面中的人或物由中心向四周展开。

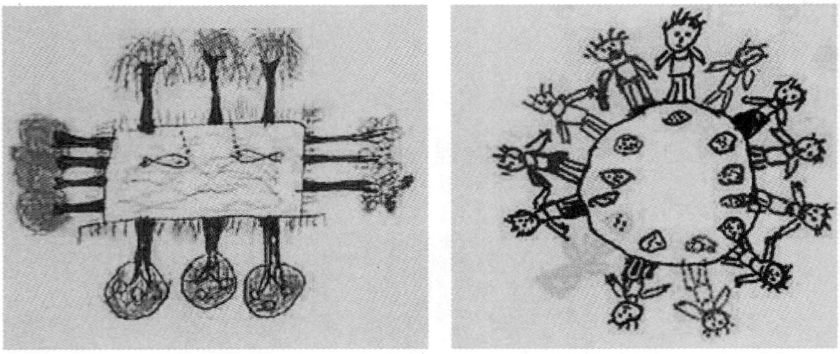

图 3-1-19 展开式构图

（4）平视与俯视的混合

儿童画画时经常根据自己的主观需要，采用移动视点方式来表现画面，这是儿童特定时期表现空间的特殊方式，也是儿童受知觉经验影响的表现。

图 3-1-20 表现的是一个 6 岁孩子眼中大人们在公园里锻炼的场景，整个画面具有俯视的空间感，而局部形象却有正面平视的以及低头俯视的，围墙、大树、人物、

盆景，各种空间透视交汇在一起，非常有趣。这种把平视（视觉经验）与俯视（抽象认识）混合在一起的方法是幼儿表现复杂空间的一种合理变通。

图 3-1-20　公园

5. 色彩表现的特点

图式期幼儿对于色彩的明度、饱和度等方面的辨别能力有了提高，能根据物体的固有色来涂色。图式期的幼儿对色彩的情感意味和象征意义的感受比较突出，具有比较强烈的色彩情感体验，而且容易发生色彩联想。他们也可以不受物体固有色的限制，用自己理解的颜色表达自己的主观情感：用红色表现生气的脸，用紫色表现给自己打针的护士的脸，用暖色系表示喜悦，用绿色表达对春天的感受等，儿童的色彩知觉特征和个性气质特征在绚烂的色彩中得以体现。

图 3-1-21　主观色彩感受的表现

在幼儿图式期的作品中，还存在着各种奇特有趣的表现特征，但我们不一定能够为其命名或归纳。所以，我们其实是通过对以上表现特征的了解和分析，建立一种态度，就是我们要从幼儿的童心和主观经验出发，来欣赏和理解他们的作品，成为能与他们心心相印的好伙伴。

指导建议

1. 情感态度的建议

在充分了解幼儿图式期各种表现特征的基础上，用童心加赞美来观赏与理解幼儿的创作与表达。要为幼儿创设展示交流作品的条件，多欣赏、多理解、多肯定。此阶段幼儿知识经验和想象力都比以前有了很大的进步，成人要特别注重培养幼儿的独立自信和创新意识。

2. 工具材料的建议

可以适当使用各种材料、技法激发幼儿的表现热情，丰富画面效果。但需要注意的是应根据幼儿的身心发展来变换技法或增加材料，不能只注重表面热闹。有些材料当幼儿还不能熟练驾驭的时候，也很难为其充分的表达表现服务。

3. 教学方法的建议

(1)继续通过亲历体验和游戏练习来丰富幼儿的生活经验和操作经验，使幼儿通过反复操作获得个性化的美术实践经验。同时在绘画活动中不要让幼儿用固定的形状去表现事物或无变通地临摹成人作品，这些都会限制幼儿的想象力和自由表达的胆量、能力。

(2)以更为丰富多样的活动形式、题材和技法，增强幼儿美术表达的能力，激发幼儿表现的热情。

审美思维与感受培养的建议：

继续欣赏与感受美好事物，培养具有审美性的生活情怀与能力。通过故事、音乐、动画、室外“探险”游戏等形式调动幼儿的视觉、听觉、味觉、嗅觉和触觉等感官，增强幼儿想象力，鼓励幼儿通过绘画完成表达，在生活中学会选择，追求和创建富有美感的事物。

第二讲

幼儿绘画活动的内容与案例

绘画活动是培养幼儿审美创造的主要活动之一，对于幼儿来说，绘画是最方便的形象性表达表现的形式。绘画是表达他们的思想、情感、兴趣、爱好以及对周围世界认知的方便途径。幼儿在认识、接触各种绘画材料和表现手段的过程中，探索感受色彩、材质、运动方式以及空间构图所蕴含的美感，并从中获得感官体验的愉悦。在体验过程中，他们学会观察、思考、互动与交流，新萌发的心理能力在绘画活动中得到运用和增长，想象力、创造力也因此得以发挥，学习空间也得到不断的扩展。可以说，在绘画活动中，幼儿通过各种类型的操作和创作，塑造独特自我形象的过程，也正是孩子们生命中最可贵且有意义的时光。

图 3-2-1　水彩笔线描画

一、幼儿绘画活动的内容 ●●●

幼儿绘画活动开展的空间很大，形式上有单一主题的绘画活动，综合主题中的绘画活动，活动区的自由绘画活动，装饰性绘画活动等内容。如果从工具材料和表现技法上来看，形式更是多样，其材料与表现方法非常丰富，可以结合并使用到各种内容形式的绘画活动中。各种新的材料、技法，只要适合幼儿，具有游戏性、操作性、创造性和审美性，都可以成为幼儿绘画表达的工具和方式。因为操作简便易行，油画棒画、水彩笔画、水粉画、彩色铅笔画等，成为幼儿绘画最常见的类型；同时像水墨画、纸版画、水印拓画、油画棒水粉混合画、吹画、印章画等，因为其材料和操作的特殊性、游戏性、审美性，都是非常受幼儿欢迎的绘画类型。本节我们为大家准备了一些幼儿绘画技法的相关案例，供大家了解和尝试。作为教师，只有在自己真正操作过相关内容后，才有可能体验到绘画内容的有趣之处、操作难点在哪里，工具材料的需求等细节要领，这些也正是幼儿绘画活动的设计和实施基础。

二、各类型幼儿绘画活动操作案例

案例 3-2-1　水彩笔画

水彩笔是幼儿常用的绘画工具，也叫尼龙水笔，属水彩系列。水彩笔画是指运用水彩笔在纸上作画的一种绘画类型。水彩笔颜色鲜艳，色调丰富，水分充足，适合勾画轮廓线和平涂颜色，水彩笔是儿童绘画最常用也是最基础的表现材料之一。

操作技法：

(1)线描——可用于表现各种形象的轮廓线，以及各种线条的排列组合与装饰，是线描画所使用的主要画材；

(2)勾线填色——先用水彩笔进行轮廓的勾勒，中间平涂色块进行装饰，也可以用其他颜料填色完成，如油画棒或水粉颜料。

图 3-2-2　水彩笔勾线填色画

案例 3-2-2　油画棒画

图 3-2-3　油画棒画

油画棒是一种油性彩色绘画工具，其在纸面的附着力及覆盖力较强，铺展性也很好。油画棒画是运用油画棒在纸上绘画的一种艺术形式。油画棒质地柔软，色彩鲜艳，易于着色，其叠色、混色性能优异，能较充分地展现油画效果。儿童使用油画棒绘画，适宜进行线条、涂色等基本技能练习，也可以学习渐变、叠色、混色等方法来表现物象造型，具有较好的画面效果。油画棒画能培养儿童大胆作画的习惯以及良好的色彩感知能力。

操作技法：

(1)平涂法——将颜色均匀地涂抹。

(2)混色涂法——使用两个或多个颜色进行交错或重叠的涂抹。

(3)点彩法——用笔尖落点的方式进行上色。

图 3-2-4　幼儿油画棒画

案例 3-2-3　水粉画

水粉画是使用水粉颜料与水调和后进行绘制的一种绘画形式，是介于油画和水彩之间的一个画种。水粉画的工具材料为：水粉笔、水粉颜料、调色盘、水粉或素描纸、小水桶等。水粉颜料具有覆盖性强、色彩鲜艳的特性，可以平涂、叠加，可以两色或多色调配、混合，产生色调丰富、或柔润、或明亮、或浑厚的画面艺术效果，适于大面积涂色，也是儿童感知色彩的常见绘画样式。

图 3-2-5　幼儿水粉画

操作技法：

(1)平涂法——用笔蘸水与颜料调和后均匀地涂抹在画面上。

(2)混色法——用两种或两种以上的颜色进行混合调色后涂抹。

(3)点彩法——调色后用笔尖落点进行涂色作画的方法。

(4)其他方法。

盖印法：

用瓶盖、纸团、树叶等不同材质的材料进行蘸色印制，或者用藕、萝卜切开的剖面蘸色盖印，也可取得有趣的画面纹理。

图 3-2-6 水粉画技法操作

喷弹法：

将颜色调好后用其他辅助工具(牙刷、喷壶等)进行刮、拨、喷、弹等方法上色，可表现出雪、雨、雾等特殊的画面效果。

图 3-2-7 水粉画《迷幻蘑菇》绘制中

(案例提供：北京童趣美育魏小月老师)

案例 3-2-4　手指点画

手指点画即以手代笔，蘸取水粉颜料，借用手指指肚的形状及纹理，在纸材上印压，再根据造型需要添画部分细节，即可完成一幅别有韵味的指点绘画。例如：可以在草丛上点印出小花，再添画花茎及花叶；用指点串成一串葡萄，再添加叶子及藤蔓；点印出可爱的毛毛虫，再添加草地；也可点画成指点小人儿、指点小鸡、指点小鸭等造型，具有很强的趣味性，深受幼儿欢迎。

图 3-2-8　幼儿手指点画作品

案例 3-2-5　油画棒水粉画

图 3-2-9　蜡笔水彩画

油画棒水粉画是利用蜡笔、油画棒与水粉、水彩颜料的材料特性，即油水分离，而把二者相结合进行绘制的一种绘画形式。首先是以油画棒勾涂出主要形象，涂色时不要涂得太整齐太满，然后再用水粉罩色平涂，使之覆盖在画面主要物体以及背景上。由于油画棒是油性材质，具有不溶于水的特点，它与水粉结合后，会产生自然分离的特殊肌理效果。

·油画棒水粉画步骤示范·

操作技法：

(1)先用油画棒勾画出主体轮廓线条，可用油画棒适当涂上部分颜色；

(2)根据画面需要用水粉调出所需的颜色进行大块的涂色，油画棒画过的地方水色会自然排开，形成油水分离的特殊效果。

案例 3-2-6 水墨画

水墨画是中国传统绘画的一种，其借助中国传统绘画工具和材料，即毛笔、生宣纸和墨，创作出具有意象和意境的绘画作品。其操作方法是运用毛笔蘸墨调水稀释，在生宣纸上进行勾画渲染，并运用毛笔笔法的变化以及墨色浓淡干湿的处理，将水、墨和宣纸的属性特征完美地体现出来，利用水墨和宣纸的交融渗透，表现出水墨淋漓的特殊效果。因此，儿童水墨画具有大气、酣畅、松弛的造型特点，水墨画有助于儿童充分进行意象造型表现。

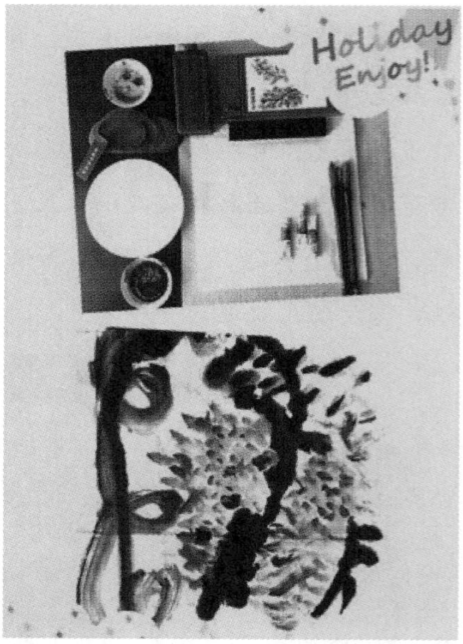

图 3-2-10 水墨画

操作技法：

(1)笔法。中锋用笔指运笔时，笔杆直立，笔肚在前笔尖在后，笔锋始终处在用笔的中心位置。侧锋用笔指运笔时将毛笔倾斜，笔尖的中心位置偏于侧面。

(2)墨法。以墨为体，以水为用，“墨分五色”，即利用水分多与少的变化，调出墨色浓淡干湿的层次，表现出中国画特有的水墨韵味与效果。

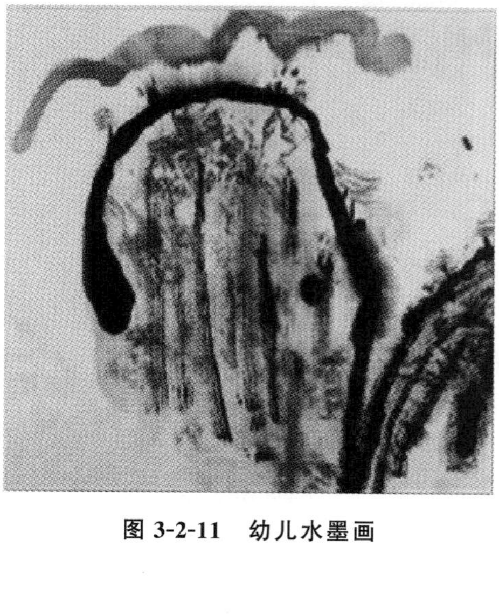

图 3-2-11 幼儿水墨画

图 3-2-12　铜钱草画

（插图提供：王梦雅老师）

案例 3-2-7　纸版画

图 3-2-13　纸版画

纸版画是以卡纸为主要材料，通过刻印、剪贴、叠加、手撕、镂空等方法制版，再进行拓印，可反复印制出多幅作品的绘画艺术形式。纸版画从黑白到多色，可以水印，可以油印，具有绘画和手工相结合的独特的艺术美感。

·“纸板画制作”视频·

图 3-2-14　纸版画制作程序

儿童纸版画常见的形式主要有两种：吹塑纸版画(凹版)、硬纸板画(凸版)。具体的材料有：吹塑KT板、竹笔、卡纸或硬纸板、剪刀、胶水、油墨或水粉颜料、素描纸或宣纸、油印板、拓盖等。

硬纸版画操作方法：

(1)画出底稿，并将其拷贝在纸板上。

(2)分别剪出各个形象，把形象的各部分零件通过分层堆叠、粘贴的方法组织起来，形成凸版的形象。

(3)用油滚均匀地滚上油墨或颜料并均匀地滚涂在底版形象上。

(4)把印纸覆盖在底板上，用拓盖来回拓印，揭开印纸作品即成。

在滚印油墨或颜料时，由于衔接的凸起部分油墨滚印不上去，所以，在印制时就出现了形象的白色轮廓线，形成了简洁、质朴、厚重的风格特点，这恰是纸版画别具特色的魅力之所在。对于儿童来说，硬纸版画也是比较容易掌握的一种版画形式。

吹塑纸版画操作方法：

(1)用竹笔在KT板上刻画出形象，注意力度及深度的强调。

(2)用油滚均匀地滚上油墨或水粉颜料。

(3)再把印纸覆盖在底板上，用拓盖来回拓印，揭开印纸作品即成。

粉印版画——瓶中的向日葵

工具材料：KT纸板、素描纸、水粉颜料、水粉笔、记号笔、拓盖、剪刀。

操作步骤：

(1)在KT板上画出花瓶并剪下瓶身。

(2)根据所观察的青花瓷的花纹特点，用记号笔在“瓶身”设计青花瓶的图案。

(3)用竹笔刻压所画图案，老师示范点、压等版刻方法。

(4)用群青、湖蓝、藏蓝等颜色调成与“青花”相近的颜色，用油滚滚印瓶身并拓印在素描纸上。

图 3-2-15 粉印版画——瓶中的向日葵

(5)根据之前对向日葵的知识了解和外形观察用记号笔把花“插入”瓶中。

(6)最后根据幼儿的年龄与能力的特点，让幼儿自主添加创作。

(插图提供：王诗忆老师)

案例 3-2-8　水拓画

水拓画就是在方形托盘等容器内装满水，然后根据作画构思，在水面上滴注调配好的颜料或墨汁，可以多色套滴，也可墨与色重叠滴注，使其在水中自然流动，也可使用牙签、梳子等工具轻轻搅动，使之形成变幻的纹理或花纹。当美丽的图案在水面形成时，把预先裁切好的宣纸或其他吸水性强的纸张，轻轻平铺在水面上，水中的图案纹样会被迅速地吸附在宣纸上，再轻轻捏住两角从水中提起，平铺晾干，一幅美丽的水拓画就诞生了。当然，基于水拓画的艺术特性，还可以将之应用于生活物件中，美化我们的生活。例如：在树叶上拓画，在牛皮纸文件袋上拓画，在素白宫扇上拓画等，可以极大地拓展儿童的艺术视野，体会美在生活中的应用，使儿童的审美感受力得到提高。

图 3-2-16　水拓画

案例 3-2-9　吹画

吹画是将调好颜色的颜料或墨汁滴洒在画纸上，用吸管吹或直接用嘴吹来代替画笔，吹出点、线、面造型，或使其任意流淌和延伸，再加以局部的绘制和点缀，产生意想不到的画面效果的作画方式。例如，可以借助颜料流淌吹出形状自然的枝干，然后在树枝上画上或点上红色的梅花，一幅凌寒留香的梅花图就出现了；也可以先画好或剪贴出花瓶，在花瓶口沿处吹出几枝折枝花卉等。可以说，吹画的创作过程是创意无限、趣意盎然的。

（案例提供：天津大学幼儿园乔瑀老师）

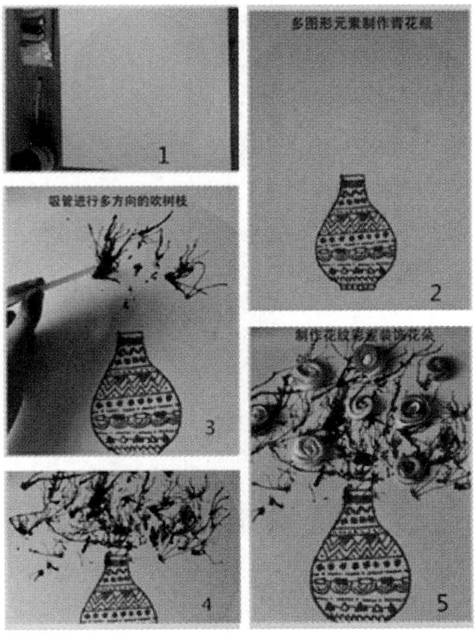

图 3-2-17　吹画

案例 3-2-10 刮画

图 3-2-18 幼儿刮画

刮画是一种新型的绘画形式，用竹笔、牙签等工具在特制的刮画纸上用刮、刻的方法表现出特殊色彩效果。刮画纸分为两层，底层为彩色，上层为黑色，也可以自己制作刮画纸：先在白色画纸上涂上五颜六色的水彩或水粉颜料，待颜料干后，在上面均匀地涂满黑色的油画棒颜料，特制的刮画纸就做好了。然后用刮棒或竹签在纸上刮画出点线或块面造型，黑色的油画棒经刮划后脱落，露出色彩丰富、鲜艳的底色，对比强烈，形成别具特色的视觉效果。

案例 3-2-11 创意水墨线描画

创意水墨线描画以水墨混彩做背景，以线描绘完成绘画，是审美效果很不错的绘画方式。

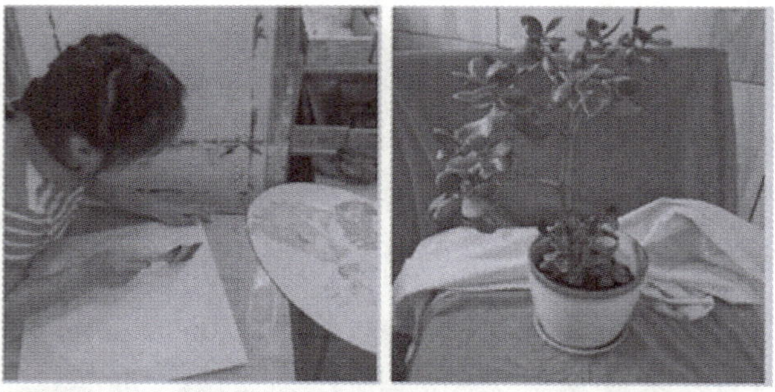

图 3-2-19 幼儿水墨线描画

（案例提供：天津市河东区第九幼儿园朱宁宁老师）

案例 3-2-12　综合材料拼贴画——猫头鹰

［活动目标］

(1)引导幼儿了解猫头鹰的造型特征、生活习性等常识。

(2)尝试运用多种绘画工具材料综合表现的方法，体验操作过程的快乐。

(3)能与同伴友好合作，共享操作材料和操作空间。

［活动准备］

材料准备：有关猫头鹰的影像资料、图片资料等，素描纸、水彩笔、油画棒、水粉笔、水粉颜料、白乳胶、剪刀、小水桶等。

［活动过程］

1. 兴趣导入

教师出示猫头鹰的图片并播放视频，引起幼儿对活动的兴趣。

猫头鹰是一种夜行肉食动物，除南极洲以外所有的大洲都有分布，种类超过130种。

2. 启发观察思考

幼儿观察、分析、交流猫头鹰的造型特征：

——猫头鹰的头是什么形状的？眼睛位于头部的什么位置？嘴巴是什么形状的？有什么特点？

——猫头鹰的眼睛有什么特点？为什么要不停地转动它的脑袋？

——猫头鹰的羽毛是什么颜色的？羽毛是怎样排列的？

——猫头鹰大多栖息在什么地方？

3. 探索活动

利用油画棒水粉画的油水分离的肌理特点，再结合绘画与手工制作，学习表现综合材料的作画风格，不要限制幼儿思维，让他们在可控的范围内发挥自己的想象力。

作画步骤

(1)用油画棒在白色素描纸上轻松地涂画出猫头鹰的羽毛，再将水粉颜料用水稀释，刷在上面，做出油水分离的画面效果。

(2)“破镜重圆”——将纸撕成不规则的长条、圆片形，再随意地拼贴在另一张纸上，拼出猫头鹰的身体。

(3)用水彩笔在第三张素描纸上画出眼睛和嘴巴(要符合猫头鹰的大小比例)，将其剪下，贴在画好的羽毛上，一幅有趣的猫头鹰图画就完成了。

(4)播放背景音乐，幼儿进行操作，教师巡回指导。启发幼儿使用多种工具材料，例如水彩笔、油画棒结合，油画棒、水粉混合法等。

(5)展示幼儿作品并组织幼儿交流。

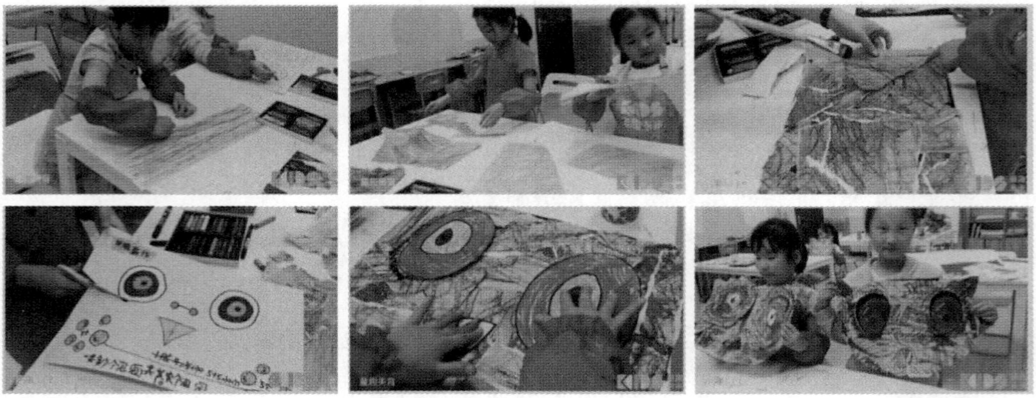

图 3-2-20 拼贴画猫头鹰

（案例提供：北京童趣美育魏小月老师）

案例 3-2-13 小班绘画活动——吹泡泡

[活动目标]

(1)通过活动引导幼儿观察、感受圆的形状特征，培养幼儿的造型意识。

(2)鼓励幼儿养成仔细观察、大胆动笔表现的作画习惯。

(3)感受绘画表现的趣味性，在艺术创作过程中丰富幼儿的审美体验。

·“吹泡泡”教学示范·

[活动准备]

(1)吹泡泡工具、PPT、背景音乐《吹泡泡》。

(2)八开画纸、油画炫彩棒等。

[活动过程]

1. 开始部分

兴趣导入：

通过吹泡泡游戏活动，引导幼儿在愉快的情绪体验中观察、感受圆的形状特点、大小的对比关系以及空间的位置变化。

启发幼儿观察思考：

“空中飞舞的泡泡是什么形状的？”

“你看到飞来飞去的泡泡在光的照射下出现了什么颜色？”

“你看到的泡泡大小有区别吗？”

“小手碰到泡泡，咦，泡泡不见了……”

2. 中间部分

观察分析：

播放歌曲《吹泡泡》引起幼儿的兴趣。

结合PPT图片引导幼儿观察、回忆、思考泡泡的形状、颜色、大小等造型元素。

讲解示范：

教师通过游戏的方法示范圆形的画法，启发幼儿掌握圆形的表现方法，并进一步联想泡泡的大小关系及空间位置安排。

布置任务：

结合游戏中的体验，画出游戏中观察到的泡泡，并加入自己的想象，可用多种颜色的画笔画出有大有小、高高低低、颜色不同、飞向空中的泡泡。

巡回辅导：

教师播放背景音乐，幼儿进行绘画操作活动，教师巡回辅导。

3. 结束部分

收集、展示幼儿作品，并互动交流。

［活动延伸］

游戏拓展：通过教具向幼儿演示圆形变成小鸡的过程，启发幼儿在圆形的泡泡上通过添加细节等方法，变化出多种形象，以此拓展幼儿的思维。

（视频案例提供：上海市徐悲鸿艺术幼儿园夏旻老师）

■
第三讲
■
幼儿绘画活动的设计与实施

一、幼儿绘画活动设计与实施的方法 ●●●

(一)幼儿绘画活动开展的意义

幼儿绘画活动是最方便幼儿游戏和操作的美术活动之一。在幼儿阶段，绘画活动对幼儿审美和造型能力的培养是有益的，其根本意义是顺应幼儿自身的发展，给幼儿提供自由感受、游戏、操作和表达的机会与途径，为其整体健康发展服务。所以在绘画活动中，尊重幼儿的发展，理解幼儿的表达，是作为幼儿教师首先要持有的态度。因为成人与幼儿在绘画发展阶段上的不同，处于写实期的成年人往往会以像不像、是否完整清晰等标准去衡量幼儿的作品。这是实现幼儿绘画活动意义的最根本障碍，成人教导者一定要注意。给幼儿创造轻松的心理氛围，尊重幼儿独特性的视觉和情感经验，接受并欣赏儿童各个发展阶段的真实表达，才是教师在绘画活动中能给予幼儿最具支持性的教导。

培养幼儿在绘画表达活动中的各种良好修养是绘画活动主要意义之一，所谓美术教育更是身心修养的教育。

同时幼儿的绘画活动随着幼儿能力的提高而发展，从单纯的动作操作，发展为有赖于一定的生活感受和体验才能达成的活动。为幼儿开展的绘画活动需要有相当的前期感受和经验储备，也就是说绘画表达一定是幼儿整体生活活动的一部分。教师为幼儿开展的任何绘画活动都要充分和幼儿的感知感受、经验经历相关联。所以幼儿绘画活动的意义也就应该更加丰满地表达为：支持、欣赏和尊重幼儿用画笔对世界做出的自我而独特的表达，为幼儿更具创造力与活力地健康成长奠基。

(二)幼儿绘画活动开展的方法

1. 注重幼儿绘画活动中行为、习惯等的培养

绘画活动中的常规，从细节说，包括从低幼年龄开始，在相对固定的环境中开展绘画活动时，帮助幼儿学习掌握正确的握笔姿势，养成端正的绘画坐姿，了解绘画活动中各类型工具材料的使用和收放要求等。例如，使用水彩笔时每用完一支笔

要及时盖上盖子，放回原来的位置。从更大的范围来说，就是在学习使用每一种新的绘画工具材料时，能按要求合理使用，如果是小组共用，要养成合作谦让的好习惯。绘画活动经常会涉及颜色的使用、洗涮画笔甚至给涮笔筒换水，各种技法画更是涉及多种材料的使用及特殊操作。例如，用手指印画时，每用过一种颜色要擦干手指上的颜料，然后再蘸另一种颜料，作品完成后要及时清洗小手。所以在每一次活动前教师都要讲清本次绘画活动的方法、步骤和要求，在活动中多提醒幼儿使其逐渐养成良好的绘画习惯，这对培养幼儿养成秩序性、条理性、卫生习惯都有帮助。

另外，在绘画活动中要专注、礼貌，绘画过程中尽量轻声地提问或交流等好习惯的培养，都需要教师不断去提醒和鼓励。在幼儿操作环节，播放一些与本次绘画主题相适宜的背景音乐，也是很好的方法。既可以营造一种情境氛围，启迪幼儿的创作灵感，又可以对轻微的交流噪声产生一定的掩蔽性。这个方法也同样适用于幼儿手工、欣赏活动的操作部分，会使参与人数较多的幼儿美术活动现场变得更加和谐。

幼儿绘画活动中还有一些对幼儿性格、行为、习惯和态度的培养，例如，既有自我表达的信心，又能够以开放欣赏的态度关注他人的作品，有一颗愿意发现美的心灵。总之，绘画活动的常规培养，是从行为到心灵的整体修养过程。

2. 以游戏或互动性的美术活动，练习绘画技巧，提升审美素养

首先，在幼儿学习绘画的过程中，从简单的执笔线描到各类型复杂的混合技法操作，都需要学习、练习、反复熟悉才能达到渐入佳境的运用状态。所以教师要为幼儿设计具有游戏性质的绘画活动题材，使幼儿有机会在游戏性的活动中，轻松愉快地反复熟悉画材，熟悉某些技法。比如教师画好一只在吹泡泡的小熊猫，幼儿来添画彩色泡泡，在游戏中产生满纸大大小小泡泡的同时，孩子也练习了画圆形的技巧；教师给幼儿提供各种服装纸型，幼儿在上面进行色彩和图案的装饰，从而发展幼儿的装饰能力和技巧。

其次，在绘画活动中，技法画类型是非常丰富的，在为幼儿选择绘画的工具材料时，也要有所讲究，材料组合、技法效果一定要具有审美性，而不仅仅是追求表面热闹，把所有材料和色彩都随意地加进来。追求具有美感效果的绘画活动，可以提升幼儿的审美素养，对教师自身的审美修养也是一种要求和挑战。一旦有了这样的追求，我们就会和孩子一起成长，一起成为那个更美好的自己。

案例 3-3-1 多彩的泡泡

图 3-3-1 草地上吹泡泡的游戏

小班幼儿特别喜欢做游戏，于是我们就抓住了幼儿喜欢吹泡泡这个兴趣点，开展了这次美术活动。让孩子在吹吹、玩玩、画画中体验美术活动的无穷乐趣，培养了孩子对色彩的感受力和对美术活动的兴趣。

图 3-3-2 泡泡画创作中

图 3-3-3 泡泡画作品展示

（案例提供：天津大学幼儿园杨笑颖老师）

3. 以亲历体验为基础，让幼儿的描绘发自内心

组织开展幼儿绘画活动，一定要围绕幼儿生活经验和体验。幼儿对所要描绘的内容有感受才会有生动的表达，有兴趣、有了解才有可能有想要描绘和表现的动机。在幼儿美术教学中常常会遇到幼儿面对画纸说“我不会画”的情况。这也正是由于幼儿对所要描画的对象认知不足，缺乏情感而产生的结果。特别是具有表达、表现性的绘画活动，教师一定要在绘画活动之前，为幼儿创设具有丰富感受或体验性的活动过程，调动幼儿所有的感受方式（视听、触摸、品味……），丰富幼儿的心灵是激发幼儿生动表达欲望的源泉。当然，如果恰逢幼儿生活中正在经历的关键事件，比如下雪、下雨等自然现象的发生，又比如正好赶上参观动物园等刚刚经历过的有趣事件，那么，这些孩子正在经历，或体验深刻的内容，也就自然可以被选择为幼儿绘画的题材和内容。

案例 3-3-2　我的妈妈

这是畅畅小朋友刚上小班(3 岁 2 个月)时在黑板上画的妈妈。孩子画之前没有任何范画，只是在妈妈的鼓励与启发之下一步步地观察：仔细地看一看，妈妈的头是什么形状的？眼睛是什么形状的？妈妈的眼睛在看着谁呀？鼻子在哪？妈妈笑的时候嘴巴是什么样的？耳朵在什么位置？摸一摸妈妈的头发，什么感觉？……孩子在妈妈的启发下一边观察一边画，渐渐地，一个“蝌蚪人”妈妈便出现在孩子笔下，虽然稚拙，却完全是他所感，是孩子通过自己的观察，用自己的绘画语言表达出的象征形象。

图 3-3-4　我的妈妈

来自现实生活并且是幼儿亲身体验过的知觉材料，远比间接的知觉刺激重要得多。因此，教师要通过多种途径为幼儿提供大量的知觉经验，引导幼儿进行审美感知。当然，引导幼儿体验的方式也是多种多样的，在不具备感受实物的条件下，观察图片、观看视频等也可以，多感官、多领域活动的经验介入也是途径，在有所感受和真切体验的基础上，幼儿一定会有丰富的形象联想和自主创作。

二、幼儿绘画活动课堂实施与评价

以小组分工合作形式，在课堂上完成一个幼儿绘画活动的设计与模拟实施，按说课及模拟活动要求完成全部活动设计、展示、教研任务，并获得本学科相应的实践成绩。本项任务一般五或六人一组，每组完成全部活动和教研需用时 45 分钟左右。其中说课约 5 分钟完成，授课 20～25 分钟完成，需要同学们自行做好内容和时间上的安排和分配，做好预演，超时叫停会影响活动的完整性。在小组模拟说课过程中，全体同学由教师组织，以教研氛围完成听课记录和教学研讨。说课后教研约 5 分钟，授课后教研约 10 分钟。

请参考本教材第二单元第二讲，幼儿美术教育模拟活动与评价的各项基本要求，完成相应的准备和实施工作。

模拟练习

1. 简述幼儿涂鸦期绘画能力发展的阶段性特点与指导建议。
2. 简述幼儿象征期绘画能力发展的阶段性特点与指导建议。
3. 简述幼儿图式期绘画能力发展的阶段性特点与指导建议。
4. 幼儿图式期绘画的空间表现有哪些形式？
5. 简述幼儿绘画活动开展的主要内容与形式。
6. 列举出10种幼儿园常见技法画内容。
7. 简述幼儿阶段绘画活动的意义。
8. 简述幼儿绘画活动的开展方法。

本单元要点

1. 幼儿绘画能力发展的阶段性特点

阶段名称	年龄范围	阶段含义
涂鸦期	1.5～3岁	幼儿的随意涂画期，从单纯的玩笔画线开始(肌肉运动)，转变为对图画的想象、思考阶段
象征期	3～5岁	幼儿开始有目的地创造形体，从自创、简单、具有象征意义的符号式表达向图画过渡的阶段
图式期	5～8岁	幼儿能画出图画性的作品，开始形成自己较为固定的表现样式的阶段

2. 幼儿绘画活动的内容

形式上有单一主题的绘画活动，综合主题中的绘画活动，活动区的自由绘画活动，装饰性绘画活动等。

3. 幼儿阶段绘画活动的意义

支持、欣赏和尊重幼儿用画笔对世界做出的自我而独特的表达，为幼儿更具创造力与活力的健康成长奠基。

4. 幼儿绘画活动的开展方法

(1)注重幼儿绘画活动的常规和修养。

(2)以游戏或互动性的美术活动，练习绘画技巧，提升审美素养。

(3)以亲历体验为基础，让幼儿的描绘发自内心。

学以致用

1. 完成几种幼儿绘画活动的尝试与操作。

2. 小组分工协作，完成一个绘画活动的课堂模拟实施，全体通过教研，发现问题，提升实践能力。

3. 选择一个合适的主题内容，完成绘画活动方案设计，在幼儿园中进行实践教学，可根据幼儿实际情况做适当的调整。

第四单元

幼儿手工活动

思维导图

- 幼儿手工活动
  - 幼儿手工能力的发展与指导建议
    - 玩耍阶段
    - 直觉表现阶段
    - 灵活表现阶段
  - 幼儿手工活动的内容与案例
    - 幼儿手工活动的内容
    - 各类型幼儿手工活动与操作案例
  - 幼儿手工活动的设计与课堂实施
    - 幼儿手工活动开展的意义
    - 幼儿手工活动开展的方法
    - 幼儿手工活动课堂实施与评价

学习目标

1. 了解幼儿能力发展的阶段性特点和指导建议。

2. 学习、体验几种幼儿手工活动的具体操作。

3. 掌握幼儿手工活动设计与实施的方法。

4. 在参考、践行各类型手工活动案例的基础上，独立设计实施适合儿童发展的手工活动，完成方案撰写、说课、模拟和集体教研。

图 4-1-1　幼儿手工活动

第一讲

幼儿手工能力的发展与指导建议

由于年龄的特点，幼儿的手指小肌肉群还没有发育成熟，有些动作还不够灵活，通过手工操作活动训练，可以培养幼儿的动手能力，对幼儿有着非常重要的影响。幼儿很早就萌发了参与制作活动的意愿，从撕纸、反复玩弄手中的泥块，到用各种工具材料制作出平面或立体的作品，幼儿的技能也逐渐成熟。幼儿手工活动能力的发展一般分为玩耍阶段、直觉表现阶段和灵活表现阶段。

一、玩耍阶段

【年龄范围】2～4 岁

【阶段含义】幼儿没有明确的目的或意图，以纯粹的玩耍为中心。

【表现特征】

阶段初期，幼儿的行为并没有明确的目的和意识，如在泥工活动中他们的小手紧握、拍打、随意拉扯泥，纸工活动中也常会把纸撕破。幼儿在玩耍的过程中享受拍打泥、撕破纸带来的趣味性和愉悦感。到了后期阶段，幼儿逐渐学会利用手掌、手指把泥压平、伸展，并且还会用指尖挖；用手指把纸撕成碎片，或者用剪刀随意地剪出纸条或纸片，并喜欢给偶然形成的造型命名。幼儿还非常喜欢粘贴活动，喜欢涂抹胶水，并对涂抹后纸张的变化非常感兴趣，虽然经常把胶水涂得到处都是，纸片也经常会贴得到处都是，但是幼儿乐此不疲。

指导建议

1. 情感态度的建议

成人要提供必要的时间、空间和安全的工具材料，鼓励幼儿玩耍和探索。还要遵循循序渐进的原则，如撕纸活动，应该先为幼儿提供较容易撕的纸，再根据其手的灵活性与力气的增长以及撕纸技能的提高再换成其他纸张。在粘贴活动中，教师要有足够的耐心引导幼儿正确使用胶水。

2. 工具材料的建议

各种安全无毒的可塑性材料(如面团、超轻黏土、彩陶等)都是幼儿在玩耍阶段喜欢的材料，他们在团团、搓搓、拍拍的活动中能感受到快乐；玩耍阶段的幼儿已经会用安全剪刀，但只会乱剪或把纸剪开，此阶段不要对他们使用剪刀的技巧提出过高的要求；撕纸和粘贴活动也是幼儿在此阶段十分感兴趣的，他们用自己还不是很灵活的小手随意撕扯、扣起、粘贴纸片，甚至把这些小纸片到处乱贴。在这些活动中可以为幼儿提供易撕易贴的彩色纸张，刺激幼儿的视觉感受，增强幼儿参与活动的兴趣；在粘贴活动中，为幼儿准备的胶水不要过多，要配备棉签以方便幼儿涂抹，同时准备湿抹布随时让幼儿擦手，以防胶水过多留在手上影响幼儿制作。由于折纸需要手指肌肉相对灵活，需要有意注意、有意记忆的能力，所以对于此阶段的幼儿来说折纸活动还是比较困难的。

3. 教学方法的建议

此阶段适宜采用游戏和情景化的方式进行，以增强幼儿参与活动的兴趣，不要过分在意技巧的学习。教师不能用目标驱使的方法引导幼儿做手工，只能靠材料去吸引幼儿的注意力，让他们在好奇的心态下开展手工活动。如在引导幼儿使用安全剪刀时，成人可以以童谣的方式进行指导：“小鱼小鱼张开嘴(拇指、食指把剪刀撑开)，纸啊快到嘴里来(把纸塞入剪刀)，我的小手动一动(拇指、食指靠近，剪刀合起)，啊呜一口咬下去(把纸剪开)。”这样幼儿在情景化的童谣中进行练习，既能提高参与活动的兴趣，又能在剪刀的开开合合中增强使用剪刀的能力。

此阶段要注重培养幼儿参与活动的兴趣和良好的手工操作习惯，如在泥工活动中要求幼儿在规定的位置进行活动，不要乱丢泥工材料，完成作品后要及时洗手。在剪纸活动中，应该教导幼儿正确地取放剪刀，不拿剪刀追逐玩耍等。此阶段习惯的养成和兴趣的培养是非常重要的。

4. 审美思维与感受培养的建议

玩耍阶段的幼儿手指肌肉还不够灵活，认知和思维水平较低，在此阶段应该丰富幼儿的认知，增强其表象经验，要以幼儿生活中比较熟悉的事物作为创作素材。成人要多创造机会引领幼儿接触、尝试各种手工活动材料，欣赏由各种材料制作出的成品，感受材料的特性。同时要丰富幼儿的认知经验，活动中多以幼儿生活中熟悉的实物为创作对象，以情景化的活动方式引领幼儿积极投入到实践操作中。

二、直觉表现阶段 ●●●

【年龄范围】4～5 岁

【阶段含义】具有一定的造型和制作能力，依靠他们知觉到的事物的显著特征甚至幻想，自由地展开制作。

【表现特征】

此阶段的幼儿已经有了一定的制作意图且表现欲望强烈，他们能够利用泥、面的可塑性进行各种尝试，能用纸张折出简单的物体，也能够用剪刀等工具剪出简单的图形，手指的灵活性有了很大提高。在泥工活动中，幼儿能用团、搓、压、拉、捏等技能塑造出物体的基本部分和主要特征，特别是食指和拇指配合进行“捏”的活动，是幼儿身体发育和技能提高的一个重要标志。幼儿还会使用一些简单的辅助材料进行泥工创作。在纸工活动中，幼儿能用图形、自然物等进行粘贴，并能用单张纸进行简单的折叠(对边折、对角折、沿线折、四角朝中心折等)，同时还会运用目测或沿线的方式剪、撕出直线、弧线等。但因为幼儿还不能熟练地运用各种手工制作技能，所以制作出来的作品显得稚拙、粗糙。

指导建议

1. 情感态度的建议

要鼓励幼儿根据自己的内心感受和对事物的认知，结合材料特性，进行自由创作。要引导幼儿通过自己的观察体验创造性地制作出形态各异的作品，而不是最接近范例的作品，这就要求成人在幼儿制作前引导他们进行有序的、充分的观察和欣赏，为幼儿的制作积累相关经验。同时教师要发现并总结本次制作活动中影响幼儿操作的关键问题，找寻出解决问题的办法。此外，活动过程中还需要注意观察每个幼儿的表现，针对幼儿的具体情况予以指导。

2. 工具材料的建议

在制作活动中提供丰富的辅助工具与材料。泥工活动中，可以让幼儿借助一定的辅助工具和材料，如棉签、毛线、纽扣、树枝等，制作一些不复杂的立体形象；纸工活动中，撕纸和折纸的示范用纸要尽可能大一些，方便幼儿观察折叠的细节。另外，为幼儿准备的纸张尽量是彩色的，以激发幼儿的想象力。

3. 教学方法的建议

(1)结合幼儿园各领域活动内容(故事、儿歌等)，充分挖掘手工活动题材。可以以幼儿熟悉并喜欢的动植物、日常生活中发生的有趣的事情作为幼儿创作的题材，将区角活动中所需的材料作为创作内容，如幼儿把橡皮泥制作的食物投放到“小小超市”中。

(2)适当采取小组教学的方式，让幼儿有更多的机会近距离地观看成人的操作。此阶段可以引导幼儿初步学习折纸图示，观察、理解图示符号的意义。比如虚线表示折线，箭头表示折叠的方向，了解折叠步骤等。或将图示与折纸实物相对应，能使幼儿更快理解和掌握。

(3)理解幼儿操作中的失误，共同联想创作，合理变通。由于幼儿手部肌肉尚未发育成熟，他们在撕纸的过程中，可能会撕坏或撕断作品，如果在撕的过程中遇到与所构思的形象有较大的出入，或者作品被撕坏的情况，教师可以让幼儿仔细观察手中的纸型，想象它像什么，引导幼儿继续将其完成。

4. 审美思维与感受培养的建议

经常向幼儿展示优秀的手工作品，并引导幼儿分析欣赏其特点，如形状、色彩、构图等。除了经常欣赏典型、优秀的美术作品，还可以带领此阶段的幼儿去参观、欣赏较大年龄幼儿(灵活表现阶段的幼儿)的手工作品，感受材料经过小手加工后产生的奇妙变化。

三、灵活表现阶段 ●●●

【年龄范围】5～7岁

【阶段含义】能进行更细致、更灵活、更具目的性的创作，能够表达出自己的想法，并尽量细致地做到让自己满意。

【表现特征】

随着幼儿手腕、手指灵活度的提高和手眼协调能力的不断发展，他们已不能满足于仅用一两种技能制作简单的物体形象，而是希望能够利用各种工具材料制作出喜欢的、较复杂的形象，并将这些形象组合成具有一定情节的场面。如在泥工活动中，制作内容比以前更丰富了，除小动物外，还涉及人物、建筑、风景等，同时还可以进行合作性主题泥工活动。

此阶段幼儿已经能够完成相对复杂的折纸作品，基本能掌握看图示进行折纸的技能，他们对纸折叠后的变化非常感兴趣。幼儿可以灵活地使用剪刀，进行对称剪、二方连续剪等，可以恰到好处地涂抹胶水，进行纸和自然物的粘贴活动等。此阶段的幼儿还可以进行综合手工制作活动，利用一些安全无毒的废旧材料(饮料瓶、废纸盒、废报纸等)和生活中的一些用具(一次性纸杯、蒲扇等)进行剪裁、黏合、涂色等再加工，制作出简单的玩具或装饰品。幼儿在活动中常常希望得到成人的帮助，以完成难度比较大的个别动作或环节。此阶段的幼儿喜欢与人沟通交流自己的作品，有些幼儿喜欢帮助其他的幼儿完成作品，有些幼儿喜欢和其他幼儿分工合作，共同完成一项任务。

指导建议

1. 情感态度的建议

成人要给幼儿更多自由创作的空间，不要干涉太多，要让幼儿自主探索。尤其是综合手工制作活动，让幼儿充分探索，切忌用过多的语言和示范干扰幼儿的创作思路，抹杀幼儿的想象空间，当幼儿在制作过程中遇到困难时，成人可以适当地给予指导，如在泥工活动中关于形象的连接，可以为幼儿提供几个连接方式，让幼儿感受并进行选择。在活动中还需要把握好技能培养与幼儿创新能力培养之间的关系。要适时地帮助幼儿掌握制作技能，鼓励幼儿用学到的技能技巧去表现，并勇于通过作品表达出自己的想法，制作出独特的、有创意的作品。

2. 工具材料的建议

提供多样化的手工材料。

3. 教学方法的建议

采用单独制作和小组分工合作相结合的形式。教师要根据美术活动的要求，以及幼儿能力发展水平，灵活地运用单独制作和小组分工合作形式，为幼儿提供充分活动的机会。采取小组分工合作形式，幼儿可以互相商量，分配任务，将作品有机组合，共同完成一件作品，从而体验到成功和合作的快乐。还可以引导幼儿根据自己的或小组的泥工作品来编故事，发展幼儿想象力和语言表达能力。

4. 审美思维与感受培养的建议

多欣赏，丰富视觉经验，提高审美感受。没有美感经验，便不会产生美的表现。美感是客观事物给人一种美的刺激后所产生的一种情绪反映，美感的特点是由衷的高兴及由于接触美的事物而心生喜悦，丰富美感经验才能使幼儿在充分感知美的基础上，理解美和形成美的观念，产生表现美的情趣，初步具有判断和评价美的能力。

成人还要为幼儿搭建综合手工作品交流互动的展台。这些作品凝结着他们的智慧、情感、创意和劳动，他们渴望得到同伴及成人的认可。作品的制作过程让幼儿收获了动手动脑的愉悦，而作品的展示、交流则让幼儿感受到作品创造的价值，激励着幼儿进行艺术创作。

第二讲

幼儿手工活动的内容与案例

一、幼儿手工活动的内容

幼儿手工活动的内容一般包含：纸工、泥工、综合制作；根据作品的存在方式，我们也可以把手工活动分为平面手工活动(包括粘贴、剪贴、撕贴和染纸等)和立体手工活动(包括泥塑以及综合制作等)。尽管幼儿手工活动的形式多样，但主要是使用纸和泥两种材料，因为这两种基本材料比较容易改变形态，取材和加工比较方便又安全卫生，非常适合幼儿游戏性的操作。另外，一个是面材、一个是体材，涵盖了立体造型的基本材料。

虽然幼儿阶段手工活动的开展是从自由体验工具材料的特点与用法开始的，但是手工活动不能像绘画那样随心所欲、那样自由挥洒，必须遵循一定的工艺技巧才能够完成，就是必须根据材料的性质，符合其构成的结构规律，才能使作品呈现出来。所以，教师对各类型手工操作技能的熟练程度制约着幼儿手工活动开展的水平。以下，我们就从各类型手工活动的具体操作入手，感受幼儿手工活动的内容与技巧。

二、各类型幼儿手工活动与操作案例

案例 4-2-1 拼贴活动

拼贴活动是幼儿园常见的手工活动形式。幼儿将事先准备好的图形或材料，以一定的方式干净、平整地粘贴在纸张、板材或其他材料背景上，使其表现出一定的物体、情节或场景。

(一)拼贴活动的工具

拼贴活动需要用到各种质地不同的黏合工具，比较常用的有胶水、糨糊、双面胶和固体胶棒。为了方便使用这些黏合工具，可能还要用到棉签、毛笔、剪刀、抹布、垃圾篓等辅助工具。

(二)拼贴活动的材料

可以用到拼贴活动中的材料是非常丰富的。可以用各种质地、各种颜色的纸张，还可以用一些自然材料和废旧材料。“善于发现美的眼睛”可以帮助幼儿在自然界和生活中，不断地发现新的粘贴材料，开发新的拼贴形式。

可以用于拼贴活动的点状材料包括豆子、瓜子、蛋壳、纸屑、泡沫屑等；线状材料包括毛线、绳子、吸管、麦秆等；面状材料包括纸、布、树叶等。

因为拼贴活动的材料具有多样性，所以拼贴活动内容也多种多样。下面我们以点状、线状和面状材料各举一例，分析活动的具体内容。

1. 蛋壳贴画

要先把蛋壳洗净晾干，蛋壳内的薄膜要撕去，并把蛋壳压成大小不一的碎片。在颜色较深的卡纸上画出喜欢的图案。将胶水涂在图案的轮廓内，胶水要厚涂，但一次不要涂太大面积。用镊子把蛋壳按照设计的图形排好。蛋壳的裂纹可大可小，关键是边缘一定要对齐。不同的部位可以粘贴正反两面的蛋壳，也可以在蛋壳上涂不同的颜色，然后再进行粘贴。

2. 毛线贴画

选取有一定硬度的纸做底板，用铅笔在纸上画出喜欢的图案，在轮廓内涂上胶水或贴上双面胶。选各种颜色、各种材质的毛线按照一定的顺序和规律进行粘贴，如并列粘贴，需要按轮廓的宽度剪断毛线；再比如绕圈粘贴，比较适合圆形图块。粘贴可以用镊子或者雪糕棒等工具辅助，或者用手指拨动、按压。

图 4-2-1　各种类型贴画作品

3. 树叶贴画

教师引导幼儿仔细观察各种树叶形状、颜色的异同，产生联想，确定主题。选择好树叶后，引导幼儿用这些树叶在底纸上进行摆放、布置，并对所选树叶进行修剪。在每片树叶的反面贴上双面胶，然后放回原位压实。

案例 4-2-2 撕纸活动

撕纸活动是幼儿园常见的手工活动形式，这种活动的最大特点在于以手指为工具，用双手手指配合撕出所需的图形和形象，是一种经济、简便的美术创作手段。这种活动操作性强，能极大限度地锻炼幼儿的手指肌肉运动及其控制能力，深受幼儿喜爱。用手撕出来的形象边缘粗糙，形象质朴自然，具有浑厚、稚拙的独特美感。

图 4-2-2 可爱的撕纸图画

(一)撕纸活动的主要工具和材料

适合撕纸活动的纸张应该是较薄的软纸，但纸的韧性不能太强，否则会给撕的动作带来太大的阻力。生活中的旧报纸、旧杂志，是幼儿练习撕纸的好材料。

(二)撕纸活动的内容

1. 自由撕

在幼儿还不能够熟练掌握撕纸技能的阶段，可以让幼儿自由随意地进行撕纸游戏活动。比如，给幼儿提供各种颜色的彩纸，随意地撕成自己喜欢的形状，再随意地组合粘贴，然后给作品起一个好听的名字。

2. 目测撕

当幼儿具备了一些玩纸的经验后，教师可以引导幼儿带有控制力地做出一些简单的撕纸动作，比如撕出“面条”“头发”(即从方形的纸撕下长条形)，撕“小葱花”(即把绿色的小长条的纸撕成若干节)，撕“大饼”(即从方形的纸上撕下圆形或者椭圆形)，等等。这些撕纸动作是靠目测来完成的，幼儿凭自己的观察、经验和想象来给动作进行定位，因此称为目测撕。通过这一系列的目测撕练习，幼儿可以进一步熟悉纸的性能，并掌握撕纸的基本技法。

3. 沿轮廓撕

在目测撕练习了一段时间后，教师可以引导幼儿学习沿轮廓撕，即按照画好的轮廓线，撕出需要的图形和形象。轮廓线可以由教师画，也可以由幼儿自己画。有时为了帮助幼儿准确地按轮廓撕纸，教师会沿着轮廓线用针扎出小孔，请幼儿沿着扎好的孔线完成撕纸。

撕纸活动通常较简单，只需要手作为工具。帮助幼儿建立起这样的经验，可以丰富他们的美术体验，启发他们的艺术思维。

案例 4-2-3　剪纸活动

剪纸是指用剪刀将纸剪成所需要形象的手工活动，它是我国传统民间艺术之一，是深受广大人民群众喜爱的艺术形式。幼儿剪纸活动的主要目的是让幼儿学习使用剪刀，学习剪的技能，锻炼手指肌肉的灵活性，同时发展幼儿的手眼脑协调能力和创造性思维能力。幼儿剪纸的题材一般是比较简单的植物、动物、人物、生活用品以及简单的连续花纹。

(一)剪纸活动的主要工具和材料

剪纸活动的工具主要是剪刀，最好是儿童专用剪刀，刀头是圆头，两个柄环能分别伸进幼儿的大拇指和其余的四指，使用起来既安全又舒服。一把质量好的剪刀能避免幼儿在开始剪纸活动时产生挫败感。

剪纸活动的主要材料是纸张，应该选择厚薄适合的纸张。

(二)剪纸活动的内容

1. 认识剪刀探索剪纸

让幼儿了解剪刀的结构、功能以及使用方法，并在使用剪刀时注意安全，形成安全使用剪刀的习惯。探索剪纸，让幼儿随意地剪，培养幼儿剪纸的兴趣。

2. 目测剪

用没有任何线条或痕迹的纸，通过目测直接剪出形象的方法是目测剪，幼儿目测剪的内容主要有：短直线、长直线、短曲线、长曲线，还有一些轮廓简单的物体，如苹果、月亮等。

3. 沿轮廓剪

沿轮廓剪是按照已经画好的轮廓线剪出所需形象的方法。轮廓线可以由教师画，也可以是幼儿自己画，通常幼儿年龄越大，自己画的成分越多。教师也可以让幼儿将废旧画报和挂历上的形象剪下来，以此来练习沿轮廓剪。

图 4-2-3　有趣的剪纸作品

4. 折叠剪

折叠剪的第一步是折叠，然后采用目测剪或沿轮廓剪的方法。一次对边折后可以剪出左右对称的图形；长条纸反复折叠后，可剪出花边；正方形或圆形纸围绕中心呈放射状折叠数次后，可以剪出团花。剪完后，教师还要指导幼儿学习将剪好的作品揭开摊平。

案例 4-2-4　染纸活动

染纸是将具有吸水性的纸折叠后浸于水性颜料中，染色后打开，形成色彩交融的美丽纹样。染纸可以让幼儿了解颜料的渗透性，感受色彩交融所产生的变化，以及色块重复排列带来的美感。

(一)染纸活动的主要工具和材料

染纸的工具和材料主要包括吸水性强的纸、水性颜料、毛笔等。生宣纸、餐巾纸、毛边纸等都属于吸水性较强的纸。为了增加渗透的能力，可在颜料中滴入少许白酒。纸张除了可以裁剪成正方形、三角形等几何图形，还可以裁剪成生活中常见的物体形状，如上衣、裤子、裙子、手套、花瓶等。

图 4-2-4　多彩的染纸作品

(二)染纸活动的内容

1. 浸染

浸染是指将折好的纸一部分插到颜料里，让纸自动地吸入颜料汁的方法。教师在引导幼儿浸染时，要注意把握染色的时间，由于颜料有渗透性，纸有吸水性，所以如果想将纸的一角三分之一的长度染上色，那么就必须在水还没有渗到三分之一处时，就把纸提出水面，然后可以在纸上观察到“颜色会自己往上爬一段”，这样就达到了所需要的三分之一的染色效果。

2. 点染

点染是指在浸染无法进行的时候，用毛笔蘸颜料染色的方法。点染有时候不容易把纸染透，如遇未染透，可在同一部位的反面进行补染，或者将纸掀开在里面进行补染。

案例4-2-5 折纸活动

折纸是指利用双手将纸折成立体形象的活动，是我国民间传统的手工活动之一。折纸活动不仅可以锻炼幼儿手部动作的灵活性，还可以丰富幼儿的立体形象思维，增加操作游戏的内容。折纸是幼儿园普遍开展的手工活动之一，适合各年龄段的幼儿。

(一)折纸活动的主要工具和材料

折纸活动取材方便，普通白纸、彩纸、废旧书刊、挂历等都可以用来折纸，但需要注意纸张的厚薄要适中，并且要有韧性，容易断裂的纸会影响幼儿折纸的兴趣。

图 4-2-5 折纸添画作品

(二)折纸活动的内容

折纸有一些基本的折法，按由易到难的顺序排列有对边折、对角折、双正方形折、双三角形折、集中一角折、四角向中心折、组合折等。教师在安排折纸内容时，应按照所含基本折法的难度，由易到难地选材。幼儿在掌握了基本折法和有一定的折纸经验后，可不拘泥于现成的折法，在基本折法的基础上想象创造，折出新形象。

案例 4-2-6 泥工活动

幼儿都很喜欢用泥造型，柔软的泥可以任意改变形状，塑造出各种立体的形象，比绘画活动更符合幼儿认识事物的特点，更能激发幼儿的兴趣。泥工活动中的团圆、搓条、压扁、粘接、抻拉、捏泥、分泥等技能操作，可以提高幼儿手部动作的精确性和灵活性，调动幼儿视觉、触觉和动觉之间的配合，促进幼儿手、眼、脑协调发展。

(一)泥工活动的主要工具材料

泥工工具包括泥工板、塑料(竹)刀等。泥工板是造型时放泥用的，塑料(竹)刀是用来刻画细节和修整作品的。主要材料包括橡皮泥、土黏泥、面泥等。这些材料有的可以在市场上购买成品，有的需要自己加工制作。

还有一些泥工活动的辅助材料，有时可以起到画龙点睛效果，有时可以起到支撑的作用，让作品加固。例如制作动物和人物时，可以用豆类材料作为眼睛，牙签、火柴棒等棒状物可以将两块泥团连接起来。

(二)泥工活动的内容

1. 玩泥

泥工活动应该从玩泥开始，没有目的性，只是一种玩耍的游戏。教师为幼儿提供泥塑的工具和材料，让幼儿自由探索，在拍、打、揉、摔、捏、戳等各种动作中，体验到泥的性质(黏性的、柔软的、可塑的)，以及各种工具的用途。

2. 泥拓印

市场上购买的橡皮泥成品中，往往附带了一些拓印的模具，引导幼儿将泥嵌入到模具中，压实，然后再扣出来，模具中的形象就浮现出来。除此之外，教师还可以引导幼儿利用身边的积木、积塑、印章、钥匙等物品进行拓印，还可以印自己的手掌和脚掌。

3. 立体泥塑

幼儿运用泥工技能将泥塑捏成熟悉和喜爱的各种形象。立体泥塑的题材可以是各种水果(如苹果、香蕉)、蔬菜(如黄瓜、胡萝卜)、动物(如小鸭子、小刺猬)以及幼儿熟悉的生活用品(如碗、罐子)等。

4. 泥贴画

幼儿将泥块拍压成扁平的块状，在平面板(塑料板、浅色瓷砖、三合板等)、器皿(玻璃杯、碗、瓶等)上拼贴出各种形象和情节。这种手工形式也可以运用在幼儿

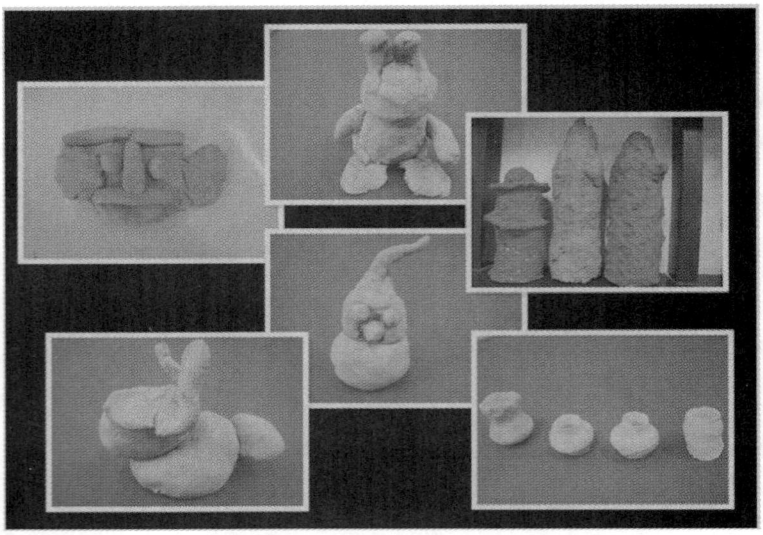

图 4-2-6　好玩的泥工作品

（插图提供：天津市和平区第四幼儿园张欣老师）

听过故事后再现其场景、情节。

5. 着色

在幼儿园大班，为了使泥工作品更加美观逼真，幼儿可对作品进行着色操作。方法是：在作品干透后，用水粉上色，先涂白色做底色，干后再用其他颜色描绘。用于描绘的颜色，可以是形象的固有色，也可以从装饰和美观的角度选择颜色。

案例 4-2-7　综合手工活动

幼儿园综合制作活动是指幼儿综合运用多种手工技能，利用多种工具和材料进行造型，制作成他们喜爱的物品或者简单的玩具。综合制作活动对于幼儿的动手能力、想象力、创造力的培养具有非常重要的意义。

(一)综合制作活动的主要工具和材料

综合制作是一种综合性的幼儿美术活动，因此所需要的工具也非常多，包括绘画工具、泥工工具、粘贴工具、剪纸工具等。

幼儿园常用手工材料(如各种材质的纸张)可以运用到综合制作活动中，除此以外，大量的自然物品和废旧物品是制作活动所需的主要材料。因此，教师应该组织幼儿及家长广泛地收集材料，并及时将材料分类保存，在需要时选择适当的材料进行制作。幼儿园所处的地区和环境不同，材料也不同，比如农村幼儿园容易收集到石头、稻草、玉米皮等自然材料，城市幼儿园容易收集到纸抽盒、吸管、废光碟等废旧材料，所以材料的收集工作可以因地制宜地开展。

制作材料一定要做到无毒、无害、无刺激、不易破碎、边角光滑、便于清洗消毒，绝对保证幼儿使用时的安全。

(二)综合制作活动的内容

由于综合制作活动材料的多样性，其活动内容也多种多样，以下仅举几例。

1. 厚纸制作

厚纸制作指运用铅画纸、卡纸、瓦楞纸等略厚的纸，通过剪、折、贴、组装等方法，制作出平面或者三维形象的物体或玩具。比如制作各种小动物、生活中的帽子、手套、花瓶、面具等。三维想象的厚纸制作存在一定的难度，建议在大班进行。

2. 自然材料制作

自然材料的制作可以利用到果蔬材料、壳类材料等。比如将一头尖、一头圆的萝卜制作成老鼠，用蛋壳做成不倒翁娃娃。除此之外，还可以对稻草、玉米皮、丝瓜络等物品加以利用。

3. 废旧材料制作

将一次性杯子的杯壁均匀地剪成条状，再朝杯底面按压，可以做出“太阳”或者“花”；鞋盒、食品盒和抽纸盒，可以做成各种各样的家用电器；饮料瓶、易拉罐可以做成各种动物，还有塑料袋、废光碟、海绵、泡沫等都可以利用。

图 4-2-7　用一次性纸杯做成“太阳花”

图 4-2-8　用纸盒和毛线做成“狮子”

图 4-2-9　用石头做成”一篮水果”

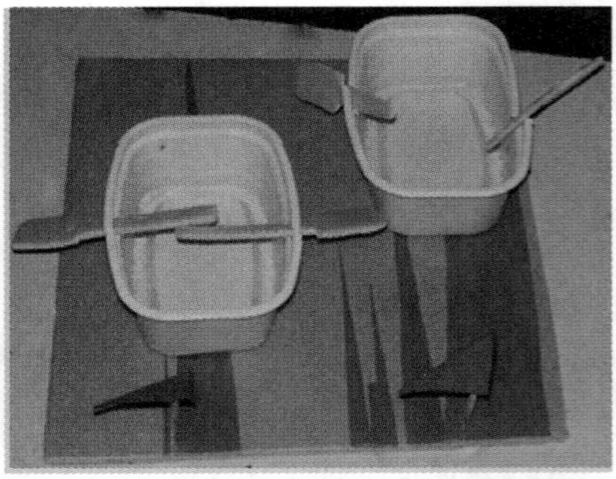

图 4-2-10　用冰淇淋盒子和 KT 板做成“赛艇”

（插图提供：长沙师范第一附属幼儿园庄丽等老师）

第三讲

幼儿手工活动的设计与课堂实施

一、幼儿手工活动开展的意义 ●●●

动手能力、创造能力和改造环境的能力与审美性活动的结合，正是美术类手工活动的意义。在各类型手工活动中，孩子们会对许多类型的手工材料接触了解，学会使用各类型工具，不仅可以增强手部灵活性，也会获得创作的满足感。

同时，手工活动也是培养幼儿耐心、细致、整洁、按顺序工作等良好行为习惯非常好的活动。投入的操作会使他们更专注，在细致有序的操作和对工具材料的探索中，幼儿的心里也会产生一种和材料对话，看材料变幻的喜悦。

热爱生活，装点、美化生活的情趣与能力，是我们能给予幼儿的最好的修养之一，无论孩子们将来从事什么样的工作，爱美并将它们实现于工作和生活中的信心与能力，正是在从小的各种审美操作类活动中，在对环境参与创建的过程中，坚定下来的一种品质和能力。

综上所述，幼儿手工活动的意义是在工艺学习与创造中发展动手能力，培养良好的操作习惯与美化生活的能力。

二、幼儿手工活动开展的方法 ●●●

(一)以小组形式，在清晰演示操作下，开展幼儿手工活动

最初进行幼儿手工活动，常常是因为幼儿受到手工工具和材料的吸引，如彩色的纸张，柔软的彩泥，亮晶晶的小粘贴……但是当幼儿具有了一定的玩耍经验后，往往会对手工操作的结果有一定的期望，希望获得有相应可爱效果的小成品。此时，学习一些有着特殊效果的操作方法就是必要的。例如折纸手工的一些方法步骤，泥工工艺的操作方式等。这些操作方法需要教师特别耐心地讲解演示，一步一步地带领幼儿完成固有的工

图 4-3-1　小组泥工活动

艺操作程序。这个时候，幼儿不仅仅需要听清要求，更需要看清手工活动工艺操作环节的具体动作。因此，建议教师在开展手工活动时，在具体工艺环节尽量采用小组教学模式，让幼儿看清楚操作的动作要领，顺利完成手工作品。有时候教师也可以先布置手工活动的大方向和任务，在有难点的地方，进行面对面的小组亲授。也可以请掌握要领的幼儿，对其他小伙伴进行演示互助。

(二)以游戏或情境为背景，开展幼儿手工活动

幼儿手工活动和幼儿园其他活动一样，根据游戏情境的需要开展活动，或将所完成的手工活动和幼儿的游戏活动挂钩，这些都是手工活动吸引幼儿克服困难，发挥创意的好方法。比如有幼儿折手工小鱼，在折好后的小纸鱼嘴上别上金属的曲别针，教师还可以和幼儿一起做磁铁钓鱼竿，这样的手工活动就成就了幼儿的钓鱼游戏。再如折好的小马可以空翻，折好的小青蛙可以比赛跳远，折好的飞镖可以竞赛，手偶还可以用来表演节目。

案例 4-3-1 昆虫化装舞会

图 4-3-2 昆虫化装舞会道具的制作

这是一个综合性手工活动，在活动中教师以昆虫化装舞会为情境主题，请幼儿为自己制作化装舞会的装扮和道具。活动中幼儿因为情境需求，产生了极大的创作热情。

手工活动：昆虫化装舞会

（大班）

活动目标

1. 能根据昆虫的外形特点大胆进行手工创作；

2. 尝试运用各种方式及材料进行手工制作活动；

3. 喜欢参与美术活动，并愿意与他人协商和分享。

活动准备

经验准备

对常见的昆虫外形有了解

材料准备

1. 教具——昆虫图片课件；

2. 学具——白纸、报纸、彩纸、毛线、光片、皱纹纸、盘子、纸杯、剪刀、胶棒、单双面胶等。

活动过程

1. 观看化装舞会图片，激发幼儿参与制作的兴趣

播放 PPT 请幼儿观看照片并提问："你们看到了谁，他们在做什么？"

通过交流引导幼儿明确化装舞会的含义，并通知班级将召开昆虫化装舞会，激发幼儿的参与兴趣。

2. 讨论参加昆虫化装舞会如何装扮自己

提问："如果你要参加昆虫化装舞会，你想扮演成哪种昆虫？你又如何装扮自己呢？"

配合课件，引导幼儿回顾昆虫的外形特征，思考如何装扮，用什么材料进行制作。在此过程中教师出示昆虫的照片帮助幼儿回顾昆虫的外形特点，并启发幼儿大胆发挥想象进行设计。

3. 自主选材进行制作

教师介绍材料，幼儿按照自己的想法选择材料制作昆虫装饰。如：头饰、面具、翅膀等。教师观察、指导幼儿运用绘画、粘贴、剪贴等方式进行装饰。教师重点指导幼儿关注昆虫的外形特征，大胆设计和制作。鼓励幼儿互相协商、合作和分享。

4. 亲身参加昆虫化装舞会

播放轻快的音乐，昆虫舞会开始了。"小昆虫们"穿戴着自己亲手制作的昆虫装饰，快乐地展示和舞蹈。

5. 延伸活动

鼓励幼儿观察更多的昆虫，并大胆尝试制作，昆虫喜欢吃的东西，以及会场的布置等都可以成为孩子们动手动脑进行创作的内容。

· "昆虫化装舞会"教学视频 ·

（视频提供：天津幼师附属幼儿园孙静老师）

（三）结合生活与自然，以装饰、装点环境为任务，开展幼儿手工活动

幼儿手工活动可以和节日纪念、环境装点、主题装饰、领域游戏等活动相结合，使幼儿手工活动的开展和幼儿的生活紧密相连，为幼儿的生活环境、成长学习增添

形式美的色彩。环境中充分利用幼儿的作品，可以增强幼儿作为环境主人翁的自尊自信，同时，也会丰富幼儿手工活动的具体内容，使手工活动成为生活的一部分。

图 4-3-3　折纸

图 4-3-4　挂饰

图 4-3-5　贺卡

（作品提供：天津市河西二十八幼刘月红老师）

案例 4-3-2　小纸袋也美丽

以下就是幼儿园老师利用生活中幼儿购物时获得的小纸袋，开展的幼儿园手工及环保创意活动，其中就用到了幼儿手工的许多经验与技巧，也包含了许多新的手工技巧与创意。

图 4-3-6　小纸袋装饰楼道墙壁

图 4-3-7　小纸袋做的中国龙

图 4-3-8　小纸袋环境创意

（案例提供：天津大学幼儿园赵健老师）

三、幼儿手工活动课堂实施与评价

以小组分工合作形式，在课堂上完成一个幼儿手工活动的设计与模拟实施，按说课及模拟活动要求完成全部活动设计、展示、教研任务，并获得本学科相应的实践成绩。本项任务一般五或六人一组，每组完成全部活动和教研，大约需用时 45 分钟。其中说课约 5 分钟完成，授课 20～25 分钟完成，需要同学们自行做好内容和时间上的安排和分配，做好提前预演，超时叫停会影响活动的完整性。在小组模拟说课过程中，全体同学由教师组织，以教研氛围完成听课记录和教学研讨。说课后教研约 5 分钟，授课后教研约 10 分钟。

请参考本教材第二单元第二讲，幼儿美术教育模拟活动与评价的各项基本要求，完成相应的准备和实施工作。

模拟练习

1. 简述幼儿手工能力发展的各个阶段及其特点。
2. 简述幼儿手工活动各阶段指导要点。
3. 简述幼儿手工活动开展方法。
4. 请列举一些适合幼儿开展的拼贴活动内容，简述拼贴活动指导要点。
5. 请列举一些适合幼儿开展的撕纸活动内容，简述撕纸活动指导要点。
6. 请列举一些适合幼儿开展的剪纸活动内容，简述剪纸活动指导要点。
7. 请列举一些适合幼儿开展的染纸活动内容，简述染纸活动指导要点。

8. 请列举一些适合幼儿开展的折纸活动内容，简述折纸活动指导要点。

9. 请列举一些适合幼儿开展的泥工活动内容，简述泥工活动指导要点。

10. 请列举一些适合幼儿开展的综合制作活动内容，简述综合制作活动指导要点。

本单元要点

1. 幼儿手工活动能力的发展阶段

玩耍阶段(2～4 岁)：幼儿没有明确的目的或意图，以纯粹的玩耍为中心。

直觉表现阶段(4～5 岁)：具有一定的造型和制作能力，依靠他们知觉到的事物的显著特征甚至幻想，自由地展开制作。

灵活表现阶段(5～7 岁)：能进行更细致、更灵活、更具目的性的创作，能够表达出自己的想法，并尽量细致地做到让自己满意的阶段。

2. 幼儿手工活动的内容：纸工、泥工、综合制作

根据作品的存在方式，我们也可以把手工活动分为平面手工活动(包括粘贴、剪贴、撕贴和染纸等)和立体手工活动(包括泥塑以及综合制作等)。

3. 幼儿手工活动的意义

在工艺学习与创造中发展动手能力，培养良好的操作习惯与美化生活的能力。

4. 幼儿手工活动开展的方法

(1)以小组形式，在清晰演示操作下，开展幼儿手工活动；

(2)以游戏或情境为背景，开展幼儿手工活动；

(3)结合生活与自然，以装饰、装点环境为任务，开展幼儿手工活动。

学以致用

1. 结合幼儿园实际，尝试完成几种幼儿手工活动的具体操作。

2. 参考各类型手工活动案例，在幼儿园中进行实践教学，记录幼儿操作特点，加深对幼儿手工能力发展的了解和认识。

第五单元

幼儿美术欣赏活动

思维导图

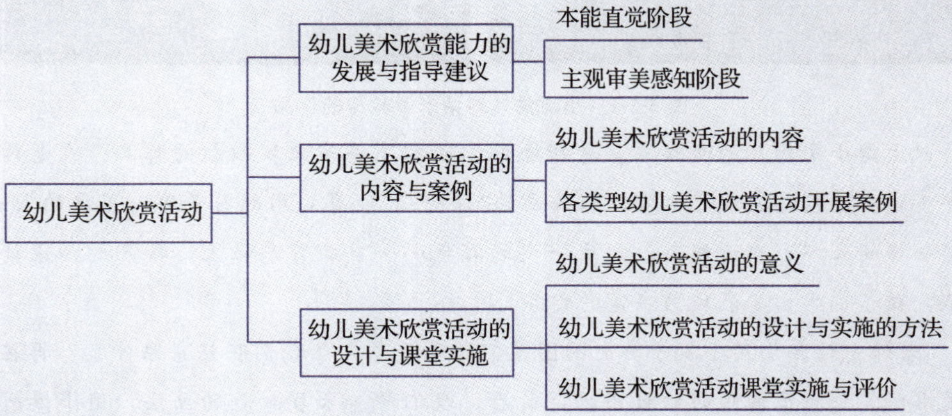

学习目标

1. 了解学前儿童美术欣赏能力发展的阶段性特点。

2. 掌握学前儿童美术欣赏活动设计与实施的方法。

3. 在参考、践行各类型欣赏活动案例的基础上，独立设计实施适合儿童发展的美术欣赏活动，完成方案撰写、说课、模拟和集体教研。

案例 5-1-1 对话米罗叔叔

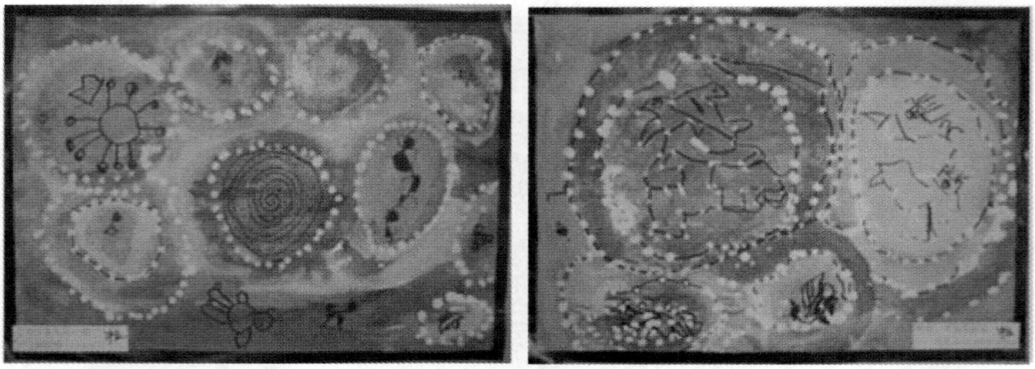

图 5-1-1 小班幼儿对话米罗叔叔的作品

以上是小班幼儿的两幅画。老师给他们欣赏了许多米罗叔叔的作品。在老师的引导下，小朋友们发现了米罗叔叔作画的“秘密”，他喜欢用的符号有：黑色的圆点，星星一样的米字，螺旋线条，一块一块的颜色……在欣赏基础上，按照老师设计的步骤，孩子们画出了表现力丰富的作品。

“老师先让我们用小刷子画大的图案，颜色干了又让我们联想它像什么？再在上面用水彩笔画自己喜欢的细致图画，最后，我们学着米罗叔叔的画法，用小棒蘸着白色颜料点起了轮廓，我的画是不是和米罗叔叔的一样好看呀！我喜欢米罗叔叔的画，也爱自己的画。”

这就是教师运用观察、赏析、引导、对话、体验、延伸创作等多种方法完成的一次生动精彩的美术欣赏活动。不仅让孩子们认识了米罗叔叔和他的画，还成功地让孩子用画笔完成了和米罗大师的一次对话。面对学前儿童，怎样才能驾驭好这样的美术欣赏活动呢？下面就让我们一起来进行探讨和学习吧。

（案例提供：天津河西一幼李文玲老师）

第一讲

幼儿美术欣赏能力的发展与指导建议

美术欣赏活动是帮助幼儿发现美、感受美、表现美、创造美的源泉，是获得丰富感性经验，激发幼儿创造灵感的重要途径。幼儿美术欣赏能力的发展阶段包括本能直觉阶段和主观审美感知阶段。

一、本能直觉阶段

【年龄范围】0～2 岁

【阶段含义】

此阶段婴幼儿的欣赏主要是对形式审美要素的直觉敏感性和注意的选择性，是纯表面的和直觉的，主要通过视、听、动的协调活动进行信息的相互交换，获得的是一种本能的快感，还没有形成真正的美感反应。

【表现特征】

婴儿在出生 2～3 个月时就对生活中的光和声有了明显的感知，并能够逐渐熟悉某种形象和声音。4 个月后，孩子会主动寻找光源和声源。5 个月后，他们就会有意识地伸手抓摸自己感兴趣的物件，并能通过手舞足蹈和咯咯的笑声来体验人生最初级的审美乐趣。

婴儿在出生后的较早时期就已经对美术的两个基本要素——形与色，有一定的审美感知了。虽然这些最初的反映只是一些本能的直觉行为，但这些本能的直觉行为为日后更高层次的美术欣赏活动做好了心理上的准备。

婴儿出生两天就能注视像面孔一样的刺激物，喜欢注视面孔，喜欢明度高的色彩和鲜艳的图像。4 个月起就能辨别色彩，其中对红色最敏感。在深度知觉方面，5 个月以后的婴儿不仅已具有深度知觉，而且就平面与独立物体而言，他们表现出更爱看立体的、复杂的形象，而不是平面的东西。

指导建议

婴儿在出生后的头两年，还不能把艺术品看成审美对象，只能把它们看成生活中的一般客体。但是，给这个时期的婴儿呈现各种艺术品有助于婴儿一般感知能力的发展。两岁以内的婴儿，一般感知能力和审美感知能力还没有分化。艺术品的呈现是作为一般的刺激物，起到促进婴儿一般感知能力发展的作用。因此，成人需要依照婴儿身心发展状况，在其所处的环境里创设一些有利于婴儿观察的视觉焦点以使其产生视觉运动。如在婴儿房里陈设一些图案清晰、色彩鲜明的图片；在婴儿所处环境的上方悬挂色彩鲜明的玩具、饰物，如彩球、风铃等；还可以用色彩鲜明的玩具或图片与婴儿一起玩视觉追踪的游戏；另外，成人及幼儿自身的穿着打扮也是他们重要的视觉对象，成人对此可以做适当的选择。

二、主观审美感知阶段 ●●●

【年龄范围】2～7 岁

【阶段含义】

此阶段儿童开始萌发审美心理，有了对优美事物的偏爱和识别优美物体的审美敏感性及相应的美感体验。

【表现特征】

(1)幼儿对作品内容的感知先于对作品形式的感知。

幼儿能够识别作品中所描绘的物象，并且这种识别不需要经过特别的训练。当一件美术作品呈现在幼儿面前，他们首先感知到的是这件美术作品的内容，很少注意到作品的形式美。此阶段的幼儿还没有完全形成一种真正意义上的审美态度，而只是一种“求实”的态度，幼儿对美术作品内容的感知欣赏只限于画面上画了些什么。

(2)通过引导和教育，幼儿能感知美术作品的某些形式审美特征。幼儿的感知觉领先于他们的描述，往往与他们所预先获得的知识经验有关。

(3)在对美术作品的偏爱方面，幼儿喜欢的是再现性的作品和能够识别出作品中所描绘的对象的非再现的作品。作品的内容是否客观地、真实地再现了现实世界，作品的色彩是否丰富、鲜艳是他们判断作品好坏的两个最主要的标准。无论是中国画、西方画，如果他们看不出一幅作品画了些什么，可能就不喜欢它。

(4)同一年龄段的幼儿由于认知、语言、理解能力的差异，所受教育及环境的影响，其感知能力也存在差异。

(5)随着生活经验的增长和知识储备的增加，幼儿的感知能力不断地发展。3～4 岁的幼儿最乐于将自己带入到画面中，去感受画面人物的情绪、情感，因他们的快乐而快乐，因他们的害怕而害怕。幼儿还难以分清美术作品中的情景和现实情景的区别，容易将自己的感知和情绪融合进欣赏过程之中。4 岁以后的幼儿随着观察能力的增强，开始关注美术作品中的细节，他们会关注画面中的每一个角落，觉得作品中的每一个细节对于自己理解作品都是有帮助的。他们能感受到美术作品中更多的东西，想象力也有了很大的发展。同时，他们更多关注的是自己喜欢的物象和场景。

指导建议

1. 情感态度的建议

尊重幼儿，鼓励幼儿大胆表述自己的看法。教师要善于发现并鼓励幼儿发挥所长，真诚地欣赏和赞美他们微小而独特的发现，让幼儿更加自信。不同幼儿对同一幅美术作品的感知情绪情感可能大相径庭，教师不应让幼儿形成千篇一律的答案，而是鼓励他们形成独特的审美体验。鼓励幼儿在美术欣赏过程中大胆地表述自己的看法，让幼儿觉得自己的想法是得到尊重和认可的，促使他们更加积极地投入到美术欣赏过程中去。

2. 欣赏内容的建议

美术欣赏是一种视觉心理活动。它从视觉对作品的直观感受开始，通过知觉、联觉与统觉而变成情感和意志的过程。幼儿只有广泛地接触、感受优秀的美术作品，才能潜移默化地逐渐认识美术作品和美术创作的规律，也才能通过对优秀作品的感悟和借鉴提高自己的美术创作水平，并从中得到更加丰富的情感体验。

在美术欣赏中，可供幼儿欣赏的内容和种类很多，如美术作品欣赏、自然景物欣赏、节日装饰和环境布置欣赏等，都是幼儿欣赏取之不尽的源泉。这些作品和景观都能使儿童积累审美经验，进而帮助他们进行审美表达、表现。

3. 引导幼儿美术欣赏的教学建议

(1)首先，教师要提高自身的审美情趣和文化底蕴，以及对幼儿的了解，选择符合幼儿欣赏兴趣的作品，合理引导幼儿进行美术欣赏。教师不仅要读懂幼儿，也要读懂美术作品，才能更好地成为幼儿和美术作品之间的桥梁，帮助幼儿更好地体验美术作品，提高自身的艺术素养。

(2)教师要能够通过环境的创设和平等交流，营造一个宽松的欣赏活动氛围。鼓励幼儿大胆表述自己的观点，并且礼貌倾听别人的观点，在讨论与交流中得到欣赏的乐趣和审美经验。另外也要鼓励家长经常带幼儿去美术馆等地方感受艺术气息。

(3)采用多种形式进行欣赏活动，让幼儿在轻松、愉快的环境和氛围中无拘无束地进行欣赏活动。如选取和欣赏内容有关的或能加强其感染力的歌曲、故事，配合欣赏内容一起进行欣赏，既能调动幼儿的多种感官来参与欣赏活动，又能提高欣赏兴趣，增强审美感受。

第二讲
幼儿美术欣赏活动的内容与案例

一、幼儿美术欣赏活动的内容

学前儿童美术欣赏的内容，包含自然界和生活中的美，以及适合学前儿童的各类型美术作品。

教师要选择适合儿童欣赏的美术内容，凡是生活中具有审美价值的内容，都可以作为欣赏的对象。比如，能够展现生命力的花草树木、动植物，描绘社会生活中勤奋、智慧、勇敢或助人为乐等美好行为的美术类作品，城市中优雅的建筑、环境，生活环境中的节日装饰等都是儿童美术欣赏的良好素材。绘本、儿童的服装、造型奇特的玩具、美丽的小礼品……都可以让儿童体验色彩、造型、材质的美。教师自身也应当成为儿童的审美对象，幼儿教师首先应注意从自身入手，不但培养自己对艺术的热爱，善于寻找和发现生活中的美，而且对自己的衣着打扮、体态仪容也要关注，给儿童展现出老师的美丽和文明。

图 5-2-1　齐白石先生作品

在为学前儿童选择美术欣赏作品时，首先要选择人类历史上或本国、本民族中经典的、有艺术价值的作品。因为只有经过历史性选择，积淀下来的艺术作品，才有对其认知与学习的意义。其次，可以选择一些内容与形式适合幼儿感知，反映美好情感与追求，贴近幼儿生活或唤起幼儿经验的内容。例如，我国近现代国画大师齐白石老先生的许多作品，都是反映现实生活中极常见却又极富雅趣的生动画面：两只毛茸茸的小鸡啄抢一只小虫，一只小老鼠正翘着胡须琢磨怎么偷吃灯油，一只肥硕的冬瓜上两只草虫“占山为王”……欣赏这样的画面，会把孩子们带到朴实的现实生活中，产生对当下简单生活中的快乐的敏感与满足。这样的欣赏不仅仅使幼儿获得视觉艺术的快感，还促进了幼儿对精神生活更高的追求与体验。

二、各类型幼儿美术欣赏活动开展案例

开展儿童美术欣赏活动，其实并非孤立地完成欣赏任务，它常常是儿童在生活中认知学习、绘画、手工等活动的综合，在活动设计与组织上完全可以根据具体内容渗透不同的认知内容和操作表达，活动流程也可以很灵活，有时可以在一次活动中完成欣赏，有时也可以分割成系列活动，与其他领域相结合，循序渐进地完成欣赏。以下几个活动都是各类型欣赏活动的典型案例，供大家参考、借鉴与实践。

案例 5-2-1　油画作品欣赏：《盲女》(大班)

［活动目标］

1. 引导幼儿欣赏国外经典油画名作，感受作品的内容、形式。

2. 体验名作内在的绘画意义，并从中引导幼儿以听音乐绘画(水粉画)的方式进行创作表达。

3. 体验合作的快乐，培养助人之心。

·“油画作品欣赏：《盲女》”教学视频·

［活动准备］

1. 教具准备

《盲女》作品图、互助游戏体育器械(旧轮胎、小拱门、条形木桥、小椅子)、眼罩、幼儿作品摆放画架、《森林狂想曲》轻音乐及音乐播放器。

2. 学具准备

调好的水粉颜色、毛笔、黑色马克笔、8 开图画纸(每人一份)。

图 5-2-2　油画《盲女》

［活动过程］

一、导入与交流演示

1. 展示《盲女》图片，让幼儿观察、欣赏，尝试描述出画中的人与物以及描绘细节。

师：“仔细观看这张画，然后告诉老师你在画中都看到了谁？”

师：“你觉得画中两个小女孩正在干什么？”

师：“你在画中还看到了哪些景物？”

老师通过小朋友们的描述，讲解本画作的故事。

师：“画面中是两个相依为命的孩子：一位盲女姐姐，另一位更小的妹妹紧紧依偎在盲女姐姐怀里，一边抬头去观看天上的彩虹，一边给盲女姐姐讲解大自然的美丽。灿烂的天空，田野一片金黄，空气是清新的、湿润的，在远处的小路上有几头走动的牛羊，近处的飞鸟起落。盲女姐姐只能倾听妹妹的讲解，她连停歇在她披肩上的蝴蝶也无法看到，但她好像听到了大自然的声音。画面色彩很温暖，让两位很可怜的姐妹感觉到很温馨，大自然给了她们欢乐与温暖。”

2. 教师通过游戏，让幼儿角色扮演，双人协作通过重重障碍物。

师：“老师刚刚讲了画中姐姐与妹妹的故事，姐姐是一位盲人，由于看不到身边发生的一切，所以需要妹妹帮助。现在小朋友们也来分组体验一下盲人姐姐与妹妹的故事，等下两人一组，一人扮演盲人姐姐，一人扮演妹妹。老师在教室里准备了不同的道具，可以把它们当作山洞、小桥、大石头、倒下的大树、小溪等。姐姐戴上眼罩，妹妹在一旁描述眼前的一切并指挥姐姐行动，协助看不到的姐姐顺利通过障碍物到达终点。可以适当地提供帮助，主要依靠准确的语言进行引导与指挥，确保扮演姐姐的小朋友安全通过障碍物。”

图 5-2-3　蒙住眼睛做游戏

小朋友们分组进行游戏，教师也可以不定时地变换道具，从而增加新鲜感与趣味性。

3. 聆听乐曲，感受自然，体会情境，描绘场面。

教师播放《森林狂想曲》。

师："小朋友们刚刚通过角色扮演的游戏深深地体会到了姐姐的辛苦与无助，体会到了妹妹在姐姐身边的重要性，知道了团结协作、互相帮助的重要性。下面老师与小朋友们一起来聆听一首乐曲，同时闭紧我们的双眼，体验一下盲人姐姐的感受，通过聆听，你在乐曲中感受到了什么？仿佛看到了怎样的一幅图画？"

4. 交流感受

师："请小朋友们睁开双眼，举手告诉老师，你们刚才在歌中感受到了什么？"

师："盲人姐姐利用妹妹的描述以及自己的聆听把周围发生的一切记在心里，小朋友们也可以把刚刚在曲子里听到的一切，利用自己的画笔描绘出来，把它们组成一幅画，也可以是一幅关于你和它们的故事画。"

二、幼儿操作与教师指导

播放乐曲，同时幼儿构思绘画，对于有困惑的小朋友，教师可以给予启发、帮助。

1. 交代作画步骤：用黑色马克笔画出内容，用水粉色进一步填色。

2. 关注幼儿需要，给予构思和技巧上的帮助。通过沟通、回忆已有经验等方式鼓励幼儿进行绘画表达。

图 5-2-4　幼儿在音乐中作画

三、作品分享与结束

图 5-2-5　幼儿作品及分享

(1)集中展示幼儿的作品，并请幼儿描述自己作品的内容。

(2)教师小结本课的内容与意义。

师："今天这节课，让你感到最开心的是什么？从《盲女》这幅画中或从其他小朋友的作品中，你感受到了什么，学到了什么？"

师："今天这节课我们感受了盲人姐姐的困难，了解了作为盲人的困难，也明白了在生活中团结协作的重要性，所以小朋友们以后在大街上看到盲人叔叔阿姨、爷爷奶奶一定要伸出援助之手。生活中自己或者小伙伴遇到困难，也一定要互相帮助，只要团结协作，就一定能克服困难。做一个助人为乐的好孩子，既能带给别人温暖，也会让自己更强大更可爱！"

（案例提供：天津大学幼儿园乔瑀老师）

案例 5-2-2 "向大师致敬"艺术创想系列——印象派凡·高静物写生

为什么凡·高的《向日葵》这么有名？《蒙娜丽莎》的神秘之处在于她的微笑，而我们认为《向日葵》的绝妙之处在于凡·高为我们描画了向日葵这样一种颇有象征意味的植物的饱满与生机。画家通过描绘向日葵，向我们表达了他对生命的理解。

凡·高在阿尔居住期间，强烈地爱上了遍地生长的巨大的金色向日葵，它们千姿百态，既有金色的苞蕾，也有盛开的花盘，花朵呈现出丰富的色调，从深橙色到绿色都有。

图 5-2-6　凡·高作品《向日葵》

图 5-2-7　老师带领幼儿从形态、色调、细节等方面分析凡·高的《向日葵》

图 5-2-8 老师把向日葵带到了班级中

图 5-2-9 仔细观察向日葵

图 5-2-10 用蜡笔诠释向日葵

图 5-2-11 幼儿作品全家福

孩子们的作品有着不同的风格和细节特色，仔细欣赏，会发现许多惊喜！

（案例提供：天津和平四幼杨冬老师、周密老师）

案例 5-2-3　走进艺术大师蒙德里安——《红、黄、蓝构成》

蒙德里安，现代艺术大师，几何抽象画派先驱。他的绘画风格独特，完全不画眼睛看得见的实物，而把绘画语言限制在最基本的因素：直线、直角、三原色（红、黄、蓝）和三非原色（白、灰、黑）上，这种画作类型被称为新造型主义。他画了大量这种作品，《红、蓝、黄构成》作于1930年，约有51厘米见方，现归私人收藏。

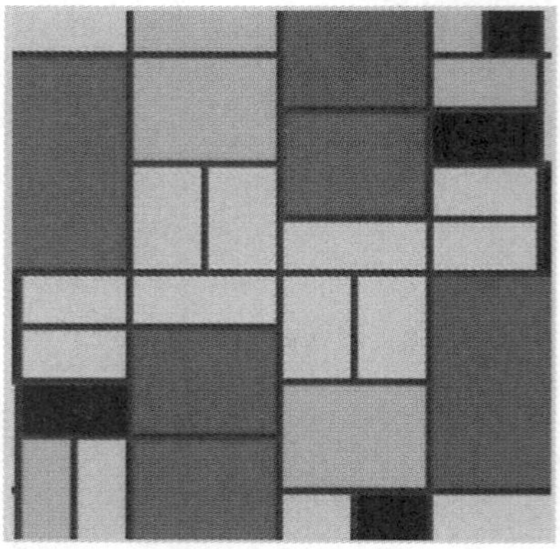

图 5-2-12　蒙得里安作品《红、黄、蓝构成》

图 5-2-13　蒙德里安风格的家电

红、蓝、黄三原色，搭配最简单的黑白，在简单的构图里，幼儿体会到三原色的最大魅力。用色简单、构图简单的画面非常易于幼儿掌握。幼儿可以用最简单的方式创作出效果最好的作品。

本次教学活动的设计思路源于很多近现代以及当代的艺术家已经完全脱离了传统学院派的绘画方式，去寻找更个性、更鲜明的表现方法。这些艺术家有很多都在追求孩子般的画面——朴实、自然、天真。这些艺术形式也给了我们很好的借鉴，孩子们最自然的天性和对世界最单纯的认知足以让他们做出好的作品，他们就是最好的艺术家。

图 5-2-14　蒙德里安风格的饮料罐

图 5-2-15　幼儿作品——蒙德里安风格的连衣裙

图 5-2-16　幼儿作品——蒙德里安风格的翼龙

图 5-2-17　幼儿作品——蒙德里安风格的时钟

孩子们纯真的视野，天马行空的艺术思维和审美感知，在大师的感染下让平凡的生活有了第二次生命。孩子们一张张美丽的图画，表达了自己的见解和想法。不要忽视每一个孩子对艺术的渴望和潜能！

（案例提供：天津和平四幼杨冬老师、周密老师）

案例 5-2-4　水墨画欣赏与创作

水墨文化博大精深，水墨世界多姿多彩，孩子们在对水墨画欣赏的过程中，建立起对中国优秀传统绘画的情感，在水墨绘画活动中体验着毛笔作画的乐趣。这样的活动不仅给有着绘画天赋和兴趣的孩子们插上了梦想的翅膀，同时增进了家长、孩子、老师之间的情感与交流，在每一次活动中孩子们收获的不仅仅是完成一幅作品，而且了解了水墨画作为中国数千年传统文化的内涵，让孩子从小爱祖国，感受到作为中国人的骄傲。

图 5-2-18　所需要的材料

图 5-2-19　一起观赏各种小鱼的外形特征

步骤一：涮笔。

步骤二：先调朱磦到笔根，再调曙红到笔肚，最后调浓曙红在笔尖，画金鱼的头。

步骤三：用中锋画金鱼身体。

步骤四：用中锋画金鱼肚子。

步骤五：用中锋画鱼鳞。

步骤六：用中侧锋画尾巴。

步骤七：添画眼睛、嘴巴和鱼鳍。

步骤八：用中锋添画鱼缸。

步骤九：用藤黄加花青调绿色，添画水草。

步骤十：用淡花青给鱼缸勾边。

图 5-2-20　老师介绍运笔方法

图 5-2-21 作画步骤

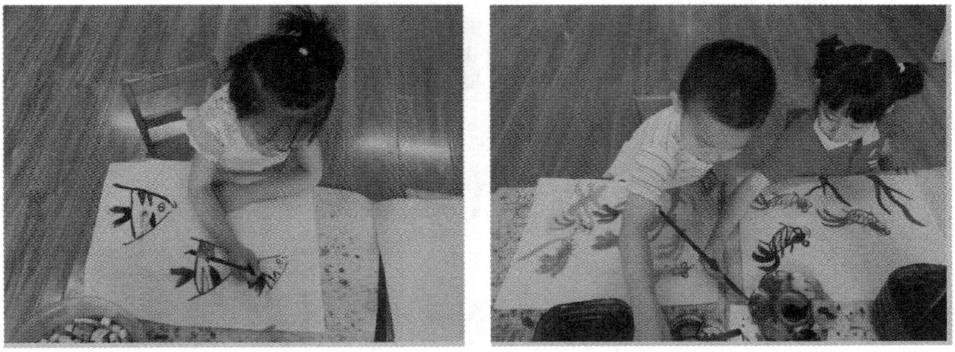

图 5-2-22 幼儿自由创作

图 5-2-23 幼儿集体创作

水墨画活动作为幼儿园的品牌教学活动已经成功开展了十二年，通过对大量优秀作品的欣赏，通过有序的绘画常规行为习惯的培养，每一个环节的设计都体现着中国传统水墨画的教学理念，激发了孩子的绘画兴趣、想象力、创造力，增强了孩子的自信心，培养了孩子们的注意力、合作意识和良好的行为习惯，也将中国传统水墨绘画的美悄然植入孩子们幼小的心灵。

（案例提供：天津武清三幼韩胜苗老师、冯晓娟老师）

案例案例 5-2-5　特色文化欣赏——灯笼

首先了解灯笼的文化，学习灯笼的制作，然后一起动手创作。

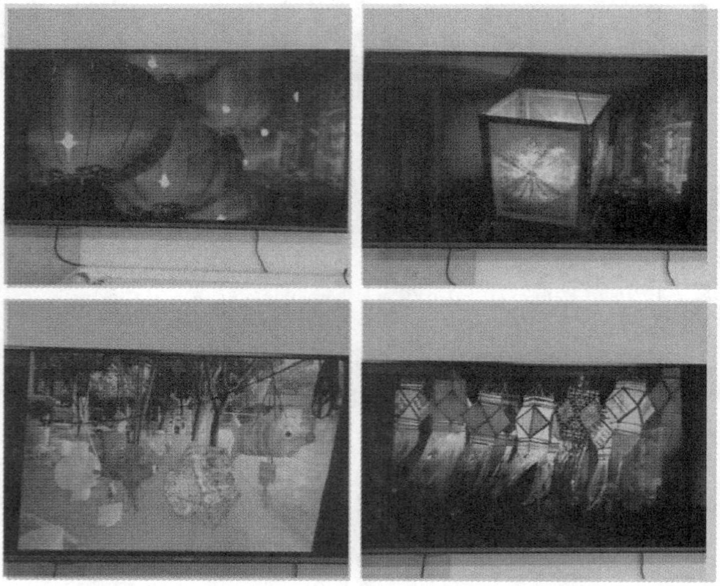

图 5-2-24　老师和孩子们一起欣赏各式各样的灯笼

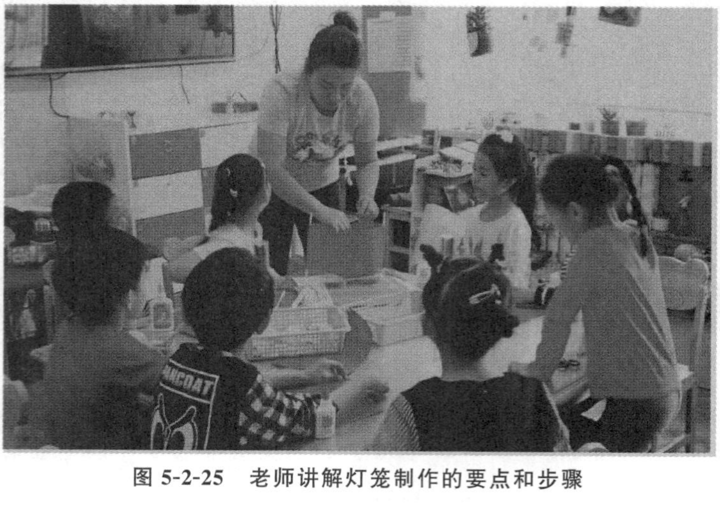

图 5-2-25　老师讲解灯笼制作的要点和步骤

图 5-2-26 孩子们选择自己喜欢的彩纸进行制作

图 5-2-27 孩子们一丝不苟，认真构思、创作

用筷子、彩纸、瓶子等材料，剪、贴制成创意无限、不同造型的灯笼。

图 5-2-28　孩子们的作品：五彩灯笼高高挂

（案例提供：天津大学幼儿园武容娜老师）

案例案例 5-2-6　欣赏活动——走进土耳其

提到土耳其，大家会想到什么？是香喷喷的土耳其烤肉，还是白雪皑皑般的棉花堡，还是卡帕多奇亚的热气球？这期的向大师致敬系列，让我们走进土耳其，感受土耳其的艺术风格。

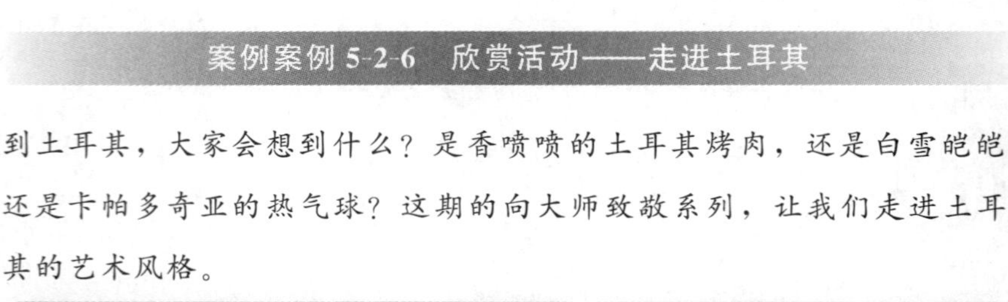

图 5-2-29　土耳其彩陶、彩陶盘

(一)土耳其彩陶绘画

土耳其彩陶器皿的样式与花纹很大程度上受到了海上丝绸之路中国外销瓷器的影响。土耳其的彩陶是在中国青花蓝绿色调的基础上，加上浓浓的土耳其风格图案设计烧制而成。每一件彩陶都有一个故事：或划船远行，或旋转起舞，或乘坐热气球飞翔……它们注重故事谱写和色彩点染。在颜色上以天蓝色、金黄色和红色为主打色。这些色彩的釉浆明艳夺目。同时将瓷砖镶嵌技术融入烧制的陶器，也使得土耳其彩陶熠熠生辉。

图 5-2-30　幼儿试着画陶罐，老师和幼儿一起专注地绘制、上色，以及作品展示

(二)土耳其湿拓画

湿拓画，也称为大理石花纹纸艺术，是指用颜料在水面画出各式图纹的一种传统手艺。

14 世纪这种画法经丝绸之路穿越伊朗被带到安纳托利亚，流传到了土耳其并演变成为一种全新的流派。花卉是土耳其湿拓画的标志，尤以其国花郁金香最为经典、生动，甚至有种说法“湿拓画就是为画郁金香而生的”。如今湿拓画之于土耳其，就如同国画之于中国，是国宝级的艺术。

图 5-2-31　土耳其湿拓画《郁金香》

图 5-2-32　湿拓画作画步骤

步骤一：用笔刷蘸着五彩缤纷的颜料，抛洒在水上，随着色彩的流动，独特的纹理渐渐形成，又随着光影变幻晕染开来。

步骤二：手持画锥在水面勾墨点彩，原本平淡无奇的水中，逐渐绽放出一朵朵明艳的彩色花朵。

步骤三：覆一张白纸在水面之上，片刻之后再小心翼翼地抽离，一幅精美的绘画作品已经跃然纸上。色彩纹路之间，依稀有着水波一般的流动质感。

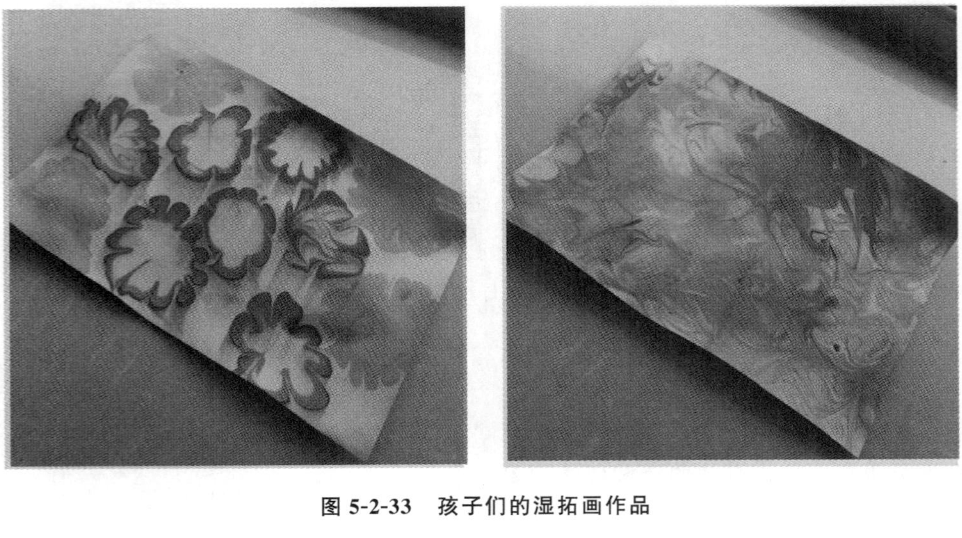

图 5-2-33　孩子们的湿拓画作品

(三)砂纸画

提起土耳其，很多人首先会想到热气球，提起热气球，最美就在卡帕多奇亚。卡帕多奇亚并不是一个城市的名字，而是一个地区的统称。三个城市围合成一个三角地带，不知从什么时候开始起被称为卡帕多奇亚。这块土地非常荒芜，地形奇特，有著名的类似月球表面的地貌，所有去土耳其的人都不会让自己错过那里。

在安纳托利亚高原中部，经过十多个世纪的风化和天然侵蚀，大自然神奇的力量塑造出了一片独一无二的土地。它拥有“地球上最像月球的地貌”称号，被美国《国家地理》评为全球最神奇十大美景之一，也是世界公认的最适合体验热气球之旅的地方。

图 5-2-34 土耳其卡帕多奇亚美丽的热气球

图 5-2-35 孩子们在彩色的砂纸上用蜡笔来画画

图 5-2-36 阳光下晶莹的砂纸画

图 5-2-37　幼儿砂纸画作品

图 5-2-38　我们一起用身体拼成一个热气球

（案例提供：天津和平四幼杨冬老师、周密老师）

第三讲

幼儿美术欣赏活动的设计与课堂实施

在幼儿美术欣赏活动的设计与实施之初，我们应该首先明确学前儿童美术欣赏活动的意义，找准欣赏活动的定位，在此基础上再来探讨欣赏活动开展的方式、方法问题。这些问题的背后，又都存在着成人与儿童对美术作品欣赏的内容、角度、深度、方式等的不同，需要教师在深入考虑到这些不同的基础上，从传达审美文化，引发儿童愉快的审美体验双重角度出发，来完成儿童美术欣赏活动。

一、幼儿美术欣赏活动的意义 ●●●

对幼儿进行美术欣赏教育的主要目的，是开阔他们的视野，丰富幼儿对各种视觉艺术形式的感性经验，传播人类文明中优美的视觉艺术内容与形式，特别是经典作品背后的故事、情感与文化。

人类文化中有各种各样的视觉艺术形式，某一民族对某一种特定的视觉文化符号的认同或排斥是基于从小开始的生活积淀。某一种艺术潮流或艺术形式的背后也都有其特定的历史文化背景。美术在欧洲有悠久的历史，我国从欧洲引入了现代教育制度和模式，把美术欣赏纳入到了中小学美术课程，但在学前儿童美术教育中如何开展美术欣赏活动，还需要进一步探索和研究。我们应当创造条件让孩子感受到各种类型的视觉艺术，在孩子们幼小的心灵中播种下美的种子，让成长与阅历去浇灌，在品味经典中，引领他们去追求与探索，为良好身心素质的养成打下基础。一个国家、一个民族的文化底蕴与精神文明的力量，常常基于他们对艺术的追求与热爱。当孩子走进美术馆、博物馆，他们应受到热情的接待与重视，对他们来说，此时来到这里的重点并非对艺术作品进行深度的探究，而是体验这里的快乐神秘并自由感知。良好的环境与体验会让他们爱上这里，养成来这里的习惯，这里的一切会以心灵感悟的方式与其对话，并发展出在精神领域指导下的进一步的追求。同时，对艺术丰富的见识与认知，也必然会造就更为宽容的胸怀。

美国艺术教育家穆赛尔曾经说过，应把儿童艺术教育理解为为欣赏而进行的教育，对于技能的训练与艺术欣赏的关系，他认为解决整个技巧问题的正确方法，就是以欣赏为动机，并以欣赏为目的。如果教师真的能通过实践，领悟到欣赏对于儿童艺术教育的意义，那么教师自身的成长也就蕴含其中了。

二、幼儿美术欣赏活动的设计与实施的方法 ●●●

提到欣赏活动的方法，我们应首先考虑到作为欣赏主体的感受和需要。如果请你欣赏一件艺术品或一幅画，你觉得怎样入手、怎样的氛围，会使你更快乐、更有趣味并更有收获呢？建议你先设身处地地好好想一想。

从较为严密的概念上说，欣赏其实是一个较为复杂的心理认识过程，它是一个“从感知到理解，从理解到产生回忆和联想，进而产生新追求的复杂的审美过程”。从以上的概念中我们看到，欣赏的第一步就是感知，在感知中认知与理解。而且不同年龄和悟性、不同阅历与经验所感知到的方向、范围，理解的深度、水平是有所差别的，并且回忆、联想、追求更有赖于主体进一步的自我内需来支持。例如，被世人公认的著名作品《蒙娜丽莎》，不同年龄、阅历甚至文化背景的人，在对她的审美认知上会有很大的差别，单在幼儿园中，有的幼儿就认为她很美像妈妈，有的幼儿却觉得她很可怕像巫婆，足以证明生活经验在欣赏中的重要影响。幼儿经验有限，在其欣赏活动中，占最重要地位的就是感知这一环节，至于理解的深度以及新追求的产生，则可能还需要更多经验阅历的支撑。

因此，幼儿美术欣赏活动需要教师在感知、体验环节上多下功夫、多动脑筋。怎样感知、怎样引导是决定欣赏活动的效果与意义，决定审美教育作用的关键。教师要创造条件让幼儿真实地感知到优秀的美术作品，例如在活动室环境布置上悬挂面积比较大的、质量比较好的优美绘画作品。幼儿的美术欣赏活动应该定位在“快乐的感知”上。曾经有过快乐的感知，就不会拒绝在成长中进行更深入的体验与挖掘。就像幼年时期机械记忆的古诗词，当时很难深入理解，只是对着漂亮的挂图、简单的字句朗朗地诵读，在成年后，当有切合的意境呈现在眼前时，古诗的字句就会在脑海中浮现，曾经的感知，就立刻化为自己与古人的共鸣与神交了。此时，当年的朗朗诵读，当年的快乐感知就有了重要的意义。

不同的作品、不同的欣赏内容，自然在欣赏的方式方法上也应有所区别，但是都需要教师首先对所欣赏的内容有较深入的理解与挖掘。大体上要从欣赏作品的内容情感、创作背景、特殊技法、作用意义等方面探究，从中找到适合幼儿理解或操作的部分，再巧妙地加以设计和利用。同时，一般来说，具象作品更倾向于将作品的内容和情感作为欣赏的切入点，抽象作品更适合从形式技巧的欣赏来切入。其次，在完整的美术欣赏活动中，观者的参与性是实现主体与客体对话交流的关键。在学前儿童美术欣赏活动中，参与体验作品的方式可以是多样的。

例如：

(1)有目的的、带着问题的观赏，游戏性的猜想。

(2)与教师、小朋友一起分享交流观感。

(3)在相应的音乐氛围中欣赏。

(4)用表演的方式再现作品。

(5)模仿作品的内容或形式进行再创作。

根据不同的内容，美术欣赏的切入点、形式、手段可以是多种多样的，以下仅向大家介绍几种较为常见、普遍的方法，能够在不同的角度突出“快乐的感知”，它们既可以单独使用，也能根据需要同时渗透在一次欣赏活动中，供大家研究参考。

(一)通过交流、扮演、体验，组织欣赏活动

在欣赏作品时，即通过唤起幼儿的个人经验与体验，拉近幼儿与所欣赏内容的距离。例如，名画欣赏教学活动中，对 19 世纪法国画家修拉的作品《大碗岛的星期天下午》的欣赏，从经验准备上，就需要幼儿有游园、郊游、游泳等在公共场所活动的经历，教师要设计能引起幼儿经验交流的问题。在物质准备中，有小阳伞、礼帽、拐棍等小道具。所有这些，就是为了能让幼儿通过扮演、体验画中人物的状态与感觉，在游戏般的活动中体会这幅作品所反映的时代生活与审美情趣。

图 5-3-1　修拉作品《大碗岛的星期天下午》

另外，由于点彩是这幅画作的主要技法特色，所以教师还可以为幼儿准备相应的纯色，画好轮廓图案的图画，请幼儿尝试点彩作画。当小朋友自己体验到点彩画的绘画方法，以及所绘图画远近观看的不同效果时，幼儿对作者修拉的印象、对点彩画技的认知层次就深化了许多，欣赏活动也就更富有趣味和游戏般的快乐。

（二）从作品所反映的情感体验入手来组织欣赏活动

当所选择的作品，在内容上比较贴近幼儿的生活经验时，可以从唤起幼儿自身的经验入手，展开欣赏活动。

这样的欣赏活动，往往需要教师通过引导性观察、启发性提问与交流，或根据欣赏内容讲小故事等方式，引导幼儿对所欣赏的作品进行感知与熟悉，进而了解作品的内容、背景，调动幼儿的已有经验，展开"快乐的感知"。

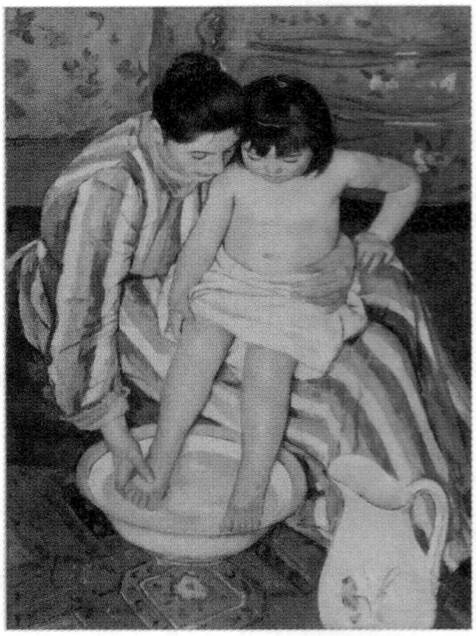
图 5-3-2　卡萨特作品《洗澡》

在这里要说明的是，任何一件可欣赏的作品，教师都要从中挖掘其最具有审美意义的内容或形式，作为欣赏活动的重点。例如，画家卡萨特的一幅作品《洗澡》，体现了母女亲情，那么欣赏的重点就可以放在作品的内容和意义上。可以设计一组有启发性的提问，以唤起幼儿对父母亲情的体验与表达。在欣赏交流的基础上让孩子们自己也完成一幅以亲情为主题的图画。

（三）利用作品的形式美要素组织欣赏活动

欣赏的过程中如果能运用所欣赏作品中的形式美因素，自己动手动脑去操作体验，就如同观赏美味后的品尝，或自己尝试烹饪一样，一定是经验层次更深刻的体验。特别是有些作品，由于年龄与阅历的原因，对于幼儿来说对内容与意义的体验是非常困难的，作为教师就可以在作品形式上寻找可欣赏的重点，让幼儿先从知觉上认知经典，再在自己动手、自己创造的过程中体验作品，完成赏析。

比如，抽象画欣赏——荷兰画家蒙德里安的《红、黄、蓝构成》。仅从作品的形式来说，即使成年人也很难从这幅画中体验出它的美感，而支持画家创作的深厚哲学思想，一战后的社会背景，连成人理解起来也会感到有一定的难度，对于幼儿来说无论如何也难以深刻体会。其次，这个系列的经典作品，对后世的建筑、设计领域都有着深远影响，可以收集相关资料，进行一次有关《红、黄、蓝构成》对设计领域影响的欣赏，直接将其经典的意义传达给欣赏者。

提炼其形式美的基本要素，并和幼儿的实际操作结合起来也不失为幼儿欣赏活动的合理切入点。那么，这幅作品的形式美基本要素有哪些呢？首先是纯粹的色彩，红、黄、蓝、白的纯色色块儿，粗细不均的黑色直线，简简单单的几何形体，是谁都可以经历、体验的具体内容，无论选择哪一个都可以简单对接幼儿可操作的美术活动。图 5-3-5 中的几幅作品就体现了几种合理又有趣的对接，同时也顺利地完成了“快乐的感知”任务。

拼贴楼房（形、色对接）

黑线添色（形式对接）

贴画添色（色彩对接）

环保棋盘（形、色对接）

图 5-3-5　幼儿完成的相关美术活动

如上几种都是针对具体的欣赏内容以活跃的方式设计的幼儿美术欣赏活动。除了切入点的侧重不同，每一个内容都为幼儿设计了适合的操作体验。可以这样说，每一个欣赏活动中，教师的活动设计都实现了幼儿以稚嫩的童心对话大师们深刻、隽永的表达，在快乐的感知与体验中，播撒了美的种子。

三、幼儿美术欣赏活动课堂实施与评价 ●●●

(一)幼儿美术欣赏活动课堂实施任务

以小组分工合作形式，在课堂上完成一个幼儿美术欣赏活动的设计与模拟实施，按说课及模拟活动要求完成全部活动设计、展示、教研任务，并获得本学科相应的实践成绩。本项任务一般五或六人一组，每组完成全部活动和教研，大约需用时 45 分钟。其中说课 5 分钟左右完成，授课 20～25 分钟完成，需要同学们自行做好内容和时间上的安排和分配，做好预演，超时叫停会影响活动的完整性。在小组模拟说课过程中，全体同学由教师组织，以教研氛围完成听课记录和教学研讨。说课后教研约 5 分钟，授课后教研约 10 分钟。

请参考本教材第二单元第二讲，幼儿美术教育模拟活动与评价的各项基本要求，完成相应的准备和实施工作。

本单元要点

1. 幼儿美术欣赏能力发展的阶段分期

本能直觉阶段(0～2 岁)：此阶段婴幼儿主要是对形式审美要素的直觉敏感性和注意的选择性的欣赏，是纯表面的和直觉的。

主观审美感知阶段(2～7 岁)：开始萌发审美心理，有了对优美事物的偏爱和识别优美物体的审美敏感性及相应的美感体验。

2. 幼儿阶段美术欣赏的意义——在儿童幼小的心灵中播撒下美的种子。

3. 幼儿美术欣赏活动的定位——让儿童获得“快乐的感知”。

4. 不同角度切入的欣赏活动操作方法

(1)通过交流、扮演、体验，组织欣赏活动；

(2)从作品所表达的情感入手来组织欣赏活动；

(3)利用作品的形式美要素组织欣赏活动。

模拟练习

1. 简述本能直觉阶段，幼儿美术欣赏能力发展的特点。

2. 简述本能直觉阶段，幼儿美术欣赏活动的指导建议。

3. 简述主观审美感知阶段，幼儿美术欣赏能力发展的特点。

4. 简述主观审美感知阶段，幼儿美术欣赏活动的指导建议。

5. 简述学前阶段儿童美术欣赏的意义。

6. 简述如何为学前儿童选择美术欣赏的内容。

7. 学前儿童的美术欣赏活动为什么要定位在“快乐的感知”上？

8. 请列举几种在美术欣赏活动中，幼儿参与体验作品的方式。

9. 选择一个适合幼儿美术欣赏的内容，并尝试设计适合幼儿欣赏这个作品的切入点。

学以致用

1. 尝试选择一幅马蒂斯的剪纸作品，完成欣赏活动方案设计。找到欣赏的切入点，设计欣赏方式与适合幼儿的具体体验与操作方式。

图 5-3-6 马蒂斯剪纸作品《国王的悲伤》

2. 选择一件适合幼儿欣赏的美术作品，写出相应的背景知识，再为幼儿设计出欣赏和体验的具体方式，完成一份欣赏活动方案设计。

3. 参考各类型美术欣赏活动案例，在幼儿园中进行实践练习，可根据幼儿实际情况做适当的方案调整。

第六单元

幼儿美术教育实践

思维导图

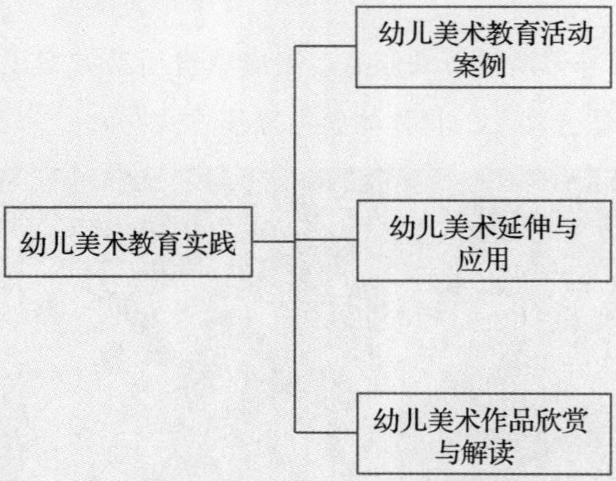

学习目标

1. 对所呈现的案例，进行教研分析与思考，总结出对实践有价值的经验。
2. 结合自身的幼儿园实践活动经验，完成幼儿美术教育案例的撰写。
3. 领会幼儿美术在实践中的各类型延伸与应用。

图 6-1-1　学生在幼儿园开展美术活动

第一讲

幼儿美术教育活动案例

本节将向大家展示两位幼儿教师的教学笔记，让我们和她们一起走进儿童的美术世界，去真切地听一听、看一看、想一想幼儿美术教育带给教师和儿童丰富而真切的心灵成长。

案例 6-1-1 “手语·心曲”——记一次幼儿美术教学活动

我想给大家讲一次我的幼儿美术教学体验，将一位普通的幼儿美术教师的心理活动描述出来，也许会对你有所启发。让我们看一看一位普通的幼儿美术教师是以什么样的心态、目的、水平来进行幼儿美术教育的吧。

这一次，我要为二十几个年龄三四岁的小班幼儿上美术课，是美术兴趣班类型。教什么呢？其实好多同行，包括我自己也常常对美术教学的内容拿不准，特别是第一堂课。因为不了解孩子的状况，他们的水平如何？他们会喜欢我吗？会听我的话吗？会喜欢我教画的内容吗？

一般来讲小班的儿童，处于命名涂鸦期或象征期，也就是说他们能画画，但是未必能学画。有可能是涂鸦性质的乱画，之后看看像什么，然后给它命名；还有可能自己创造简单的符号来画物体(有的形象对于成人来说是难以辨认的)。由于小肌肉发育的水平不同，涂色能力也是参差不齐，所以教他们画画，对于比较重视效果的成人来说，并非一件十分容易的事。选材既要简单又得贴近他们的生活，当然作为专门的美术活动，还得有一定的技巧水平。

我向来都把第一次课看得很重要，最希望的当然是他们能对我“一见钟情”，乖乖的像一群小绵羊，个个画得又认真又漂亮，孩子喜欢家长满意，皆大欢喜。然而，孩子们毕竟最真实不可欺，每一次他们都会给我以“颜色”，我也早就不敢心存侥幸。集体教学，是需要有一个共同平台的，就像是大家谈事，找个饭店点些菜，边吃边聊那样，我也得准备些“好菜”，至于谈什么，就

图 6-1-2　课前准备小样

得看小朋友们的需要了。

这一次我设计了这样一个内容，就是用彩笔描画手的轮廓，并且使几次描画的轮廓相交，之后在相交产生的封闭图形里涂上不同的色彩。在我自己尝试绘画内容的时候，我感觉像手掌部位的大面积的涂色，小班儿童恐怕坚持不下来，于是在手掌位置加上了一些小图形。如此设计，我想孩子们首先会觉得好看，其次可能会觉得好玩。这样一步一步具体却不复杂的操作，孩子们会像做实验似的沉浸其中……当然我还有责任，一边确保时间，一边耐心支持孩子们愉快地完成作品，帮他们在自我动手动脑，选涂颜色，创造图形中感受快乐。当然，他们的水平会在操作中自然地凸显出来。第一次不能要求太高，我不仅是老师，还是美术老师，让他们喜欢我，喜欢我的美术课最要紧，都说“亲其师，信其道”，孩子们爱上我就约等于爱上了美术。

果不出我所料，一上来孩子们就被这张五颜六色又颇具神秘效果的画吸引住了。我在示范方法的时候，好多孩子就已经跃跃欲试了。基本操作方法是：把手按在画纸上描画出轮廓，多描画几次，可以交叉描画；在手心上可以画上自己喜欢的东西，比如小花、糖果、星星……最后尽量均匀地在小轮廓中涂上好看的颜色。

下面就是几个孩子的画。

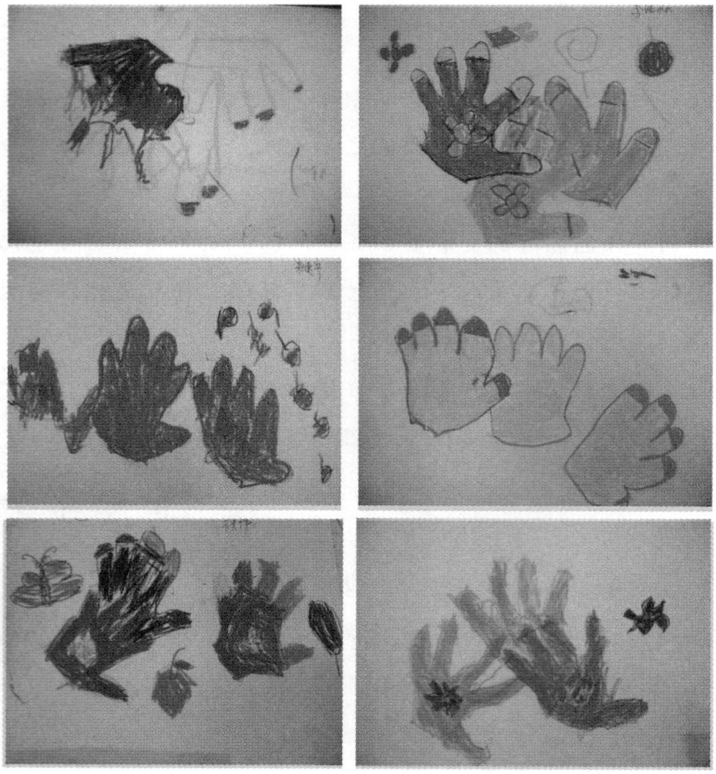

图 6-1-3　幼儿作品

看了孩子们的画，你会发现几乎没有一名儿童能完全按照教师的要求完成作品，最突出的特点就是，几乎所有的儿童都没有画出手形的交叉，最多实现了遮挡关系，有的把小果子独立地画在手边儿，涂色能力则因人而异。此时，不仅儿童，教师也会有受到伤害的感觉，“教不会的压力，无能感、无力感”都会有，有时会直接生孩子们的气，有时也会为了效果越俎代庖，当然，这也很正常，你觉得呢？

说说我当时的感受吧，首先我很知足，孩子们喜欢这个内容，他们很认真地在创作，描画涂色，时不时会征求我的意见或要求我提供一点帮助：

“老师，手的下边有个大口怎么办？”

“你觉得呢？用一条线连上它怎么样？”

“老师，我想画指甲行吗？”

“好哇！你画吧！”

其次，孩子们正用他们的画和表现，告诉我许多很有价值的信息：

“老师我们喜欢你，喜欢画画，画画让我很满足。”

“交叉太复杂了，我们画不了，但是我们可以这样画。”（这是儿童绘画能力发展的特点使然，交叉、叠加显然令他们感到无法控制，于是选择了放弃、改编。）

“你能接受我的水平吗？你有耐心吗？你够宽容吗？”

“你喜欢我的画吗？这对我最重要。”

还有告状的：“老师，他不画手！”只有一名幼儿不画我教的内容，我试图引导他，但是无效，“那么就画你喜欢的吧！”我暂时无奈地离开了他。

自由的、好看的、有趣的、奇怪的……孩子们的画五彩斑斓，各具特色。我从来都没法实现控制孩子们的愿望，总是他们给我以“颜色”，如此纯粹、坦白、真实、美丽。每一次他们都会提醒我，课前准备、内容设计都远远不如另一样东西更重要，就是真实而客观存在着的儿童的接受水平和发展能力。他们总是会用自己的口味（水平）来回应我的“好菜”，选择爱吃的、能消化的，创造性地改造我的“礼物”。我甚至觉得，想百分之百地实现全部教学预期，是对儿童心理、对人性的无知与蔑视。在他们不断地提醒下，我已经有了足够的心理准备，正是如此才使我在面对改变，甚至面对拒绝时，能有坦然、宽容的好心态，而这样的好心态正是小精灵们最最需要的。而且，我开始觉得，接受、理解、欣赏孩子们的改编与创新，才是获得教育智慧的根本。现在我最看重的就是孩子们在我的课堂中所表达出的最真实的反馈，将教学理想寄托于所引出的“玉”，好过紧紧盯着抛出去的“砖”。

每一次美术教学后，我最想拥有的，就是孩子们对我所教内容的回应——一张张生动的作品。这一次结束时，我也用相机拍下了他们的画作，更是借此向他们表达我的赏慕之情。一张一张地拍着，情境似乎像是给运动员们发奖留念，亲切而友好。突然，眼下出现了那个坚决不画的小家伙的一纸涂鸦，但是我看得出来，他也希望领奖，于是我也在他的画前举起了相机。

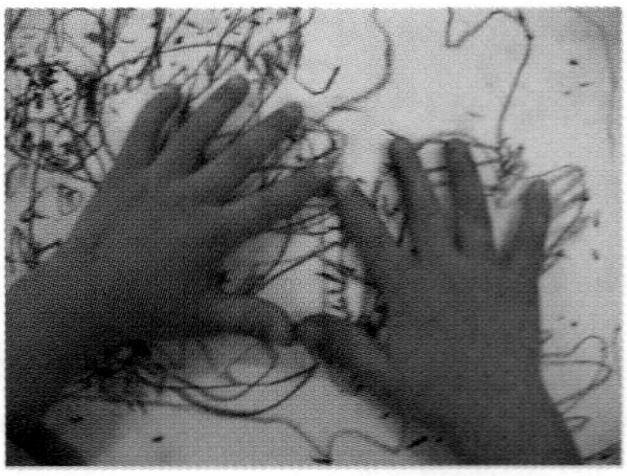
图 6-1-4　涂鸦的小手

这时，一个孩子不满地说："他的画上没有手！"于是我让小男孩儿把自己的双手摆在了他的画纸上，很快，这样拍似乎成了一种时尚，好几个孩子都把自己的小手放到画中。

在此次所有的照片中，这一张似乎是最有风格的，这张照片是我和这个孩子彼此接受的见证，也使我觉得，我的课堂达到了整体的和谐，这也让我们都松了一口气。在任何领域，每一个个体都会表现出不同的水平，在绘画领域也是这样。尊重的心态一定要有，画得好的孩子谁都喜欢，画不好的孩子更需要关怀与理解。如同全社会都在关注、帮助处境不利群体一样，在美术活动中我们也应该对不太擅长此项的幼儿有一份关爱接纳之心。哪怕是小小的让步与鼓励，都会让孩子幼小的心灵产生善意、美好的触动，而这一荡漾开的涟漪，也会温暖每个人的心。

这就是我的一次美术教学中的心路历程，我甚至觉得，在这样的活动中孩子们教会我的东西比我教给他们的更多。让我们走进儿童美术的世界吧！让我们用童心去体验吧！美术会像一座桥，架起我们和幼小的心灵之间的倾心之路，使我们能够和儿童通过美术，相互悦纳，相互滋养。

模拟练习1

1. 请分析在《手语·心曲——记一次幼儿美术教学活动》这篇教学笔记中，教师课前的心理是怎样的。
2. 如果让你来完成一次对小班幼儿的美术教学，你最担心哪些问题？
3. 本次活动，教师在教学前做了哪些具体的准备？
4. 儿童在完成教师布置的美术活动时对内容做了哪些改变，试分析原因。
5. 如果看到幼儿的作品不能尽如人意，你会以什么样的心态和行为面对？
6. 试分析这节课教师有哪些收获，孩子们教会了她什么。

案例 6-1-2　我是你的谁？——幼儿美术教育随笔

十几年前，我刚刚毕业开始工作，二十岁出头，时间充裕，经人推荐做过几名儿童的美术家教。每周我都会和孩子在一起，以线条、色彩为媒，彼此交流、学习，回忆整理那时的思绪，令我心中充满了感激，仿佛又扎起了马尾，坐在幼小的他们身边，见证彼此成长中的快乐与烦恼。当时，我除了会画画，很有耐心，还不太会教孩子。令人欣慰的是，在与孩子们的相处中，我们也相互适应、欣赏、学习，分享着彼此的“能量”。刚开始我们是在室内用马克笔画，画什么常常是先商量，确定后就像游戏一样开始了，其间又经历了多种画材的变更，除了绘画，手工、阅读、谈心都贯穿其中，教法在彼此的心理适应与磨合中渐渐形成。

我的第一个小学生——凡凡——六岁，是一个内心恬淡、外表文静的小女孩儿，教她画画已经有一年多了，一周一次，每次两个多小时。我们在一起的时候其实很舒服，她的家是那种老式洋房，顶子很高，大窗子被茂密的绿叶包裹着，四周也很安静，谈谈心，静静地画画，做手工，有时间的话，我还给她读读故事书。她很喜欢画画，非常盼望我每周的到来，无论我教她画什么、做什么，她都会安心地进行，很少有异议。另外我还发现，她的学习能力很强，以她的年龄，有时候我会觉得教画的内容难了点儿，也有时候觉得不够好玩儿，但是她总是能全盘地复制，观察仔细，下笔细腻，效果和我的画几乎不相上下。因为她的顺从、接纳，有时候我倒有些内疚，不知道自己的准备是否真的合她的心意，这样教下去，是否真的对她好。

不久，我又有了一个学生——小凯——同样六岁，是一个开朗活泼的小男生。他的卧室很现代，电玩、书籍、电脑，俨然一个小白领。一开始我就感觉到了他的不同，他有点“小男子主义”，每次画什么他都很有主张，有时也会令我有点紧张，措手不及。比如有一次，他坚持要画“宇宙”，开始我真是吓了一跳。我是一个爱动手的人，每次我也和他一起画，和凡凡不一样，他从不照着我的样子跟进，虽然从技巧上说，他的画不算出色，但内容却很丰富，他总是很自信于他自己的形象与表达。只是他的画在色彩的选择上十分单一，黑色、紫色、绿色、深蓝色，大概黄色是唯一的亮色，我屡次劝他加一点暖色，都被他拒绝了。我向他展示我色彩丰富的画，他却说：“太花了，不喜欢。”他很喜欢画画，教他画画也不难，但是作为教师，无法渗透影响他，却令我同样有挫败感与内疚感。

凡凡的画和小凯的画我都很欣赏，他们的家庭条件良好，都是很擅长绘画表达的孩子，我只是作为他们的美术老师，从绘画表达和交流中感受到了他们个性上的不同。凡凡是一个随和的孩子，擅长学习、模仿，但是依赖性强，顺从乖巧但缺少独创精神；而小凯很有个性与主张，但又太过固执，不能很好地接纳别人的建议，缺乏合作的态度。大概是实验的心态驱使吧，在接下来的教学中，我开始有意为之了。

和凡凡画画的时候，我们常常是共用一套彩笔，加上她的好学与模仿，因此着色时我俩的色彩几乎如出一辙。这次画的时候，我装出没了主意的样子，希望她来决定用色，她很犹豫，不太愿意。于是我要求她闭上眼睛，随意摸一支笔，无论选了什么颜色，她刚往画上一涂，我就兀自赞赏起来，并且迫切地要模仿她，这样一来二去，我们俩的角色完全颠倒了。有意思的是，由于这种不同寻常的游戏方式，凡凡的小脸上似乎有了一种新鲜快乐的洒脱，虽然是个孩子，却很聪明，她居然说："老师，我觉得我是命运女神。"我说："你就是命运女神，只是你现在还小，慢慢地你的选择就会成为你的命运。不过可千万别总闭着眼选。"我们都哈哈大笑了起来。

虽然她还没有睁开眼睛，但是她毕竟开始了自己的选择。在她的美术课中我开始慢慢有意地淡出偶像的地位，把唤起凡凡表达的主动、生动作为我的追求。

小凯可不像凡凡，我多次地希望他能听从我的建议，但是这只会使我们的关系显得紧张，我总是不得已放弃我的要求，因为我希望他自愿接受，而不是服从命令。有一次我有点儿气馁，大概是有点错乱了，对着小凯的一幅画大加赞赏："我发现你画得很美，只用了这么几个简单的颜色，但是很好看，我喜欢你的画。"他很意外，但是看得出来这对他很受用，可能是出于礼貌，他也看了看我的画："你画得也很好喽！"我忽然意识到，要想使他接受我的建议，我应该首先接受他的画才对，只挑毛病行不通。此后，我在画画的时候总是关注他的形象、色彩，以一种学习的态度、了解的态度问他。一次我说："我想画一张和你一样色彩的画，因为我喜欢。"于是我故意占用了他喜欢的彩笔，并且一用起来就不停，他等得不耐烦，催促我，我则哀求道："我还需要它，你先用用别的吧，谢谢啦！我太想画一张你那样的画了。"他虽然不满，但是由于我对他的"敌意"，他只好用了些替代的色彩。当然，只要他有些许改变，我定会给他一个"大甜枣"，大大地赞赏一番。因为被接受，他的戒心少了，开始相信我，有时候他竟然和我商量，希望我给出明确的意见，还会欣然采纳。

渐渐地，我们的沟通与互动在彼此的学习中开始了，我也懂得了，教人首先是要放下自我。

教孩子画画好像很容易，但有时候又会很难，难的原因其实是心有千千结，解开心结，才是根本。不同的儿童需要学习的内容也不同，仅仅从形象、色彩、构图这些形式上的学问入手远远不够，发现埋藏、负载在画里以及作画过程中的人性，发现有趣的性格、心理、需求才是美育活动的意义所在，真是学技易，树人难。

忘记谁曾说过，“教育中没有困境，等于剥夺了孩子们争取快乐的权利”，对于教师也一样，正是这些可爱的小天使，用他们坦白的天性，打磨了我的教育智慧，并不断地激发着我从艺术教育中争取快乐的渴望。

模拟练习2

1. 请分析在《我是你的谁？——幼儿美术教育随笔》这篇教学随笔中，教师遇到了什么样的教学困境。

2. 尝试分析一下在美术学习中，自己具有什么样的学习品质。

3. 你是否遇到过像凡凡和小凯一样具有自己独特个性的幼儿，请描述一下他们的表现，大家一起来分析、教研帮助孩子的具体方法。

4. 尝试反思教育中的困境会带来什么。

第二讲

幼儿美术延伸与应用

幼儿美术教育，其意义不仅仅体现在我们为幼儿设计和开展的幼儿美术活动中，也体现在幼儿审美思维与心理成长，幼儿生活及其方方面面中。狭义地说，幼儿日常的生活环境与日用品、服装玩具和书籍，参观与鉴赏活动，甚至所观看的动画视频等，都少不了形式美的存在与影响。广义地说，美术在幼儿的认知、情感、心理发展、外部环境等诸多方面的活动中，也起着相当重要的作用。所以幼儿美术不能被简单地定义在图画、手工等游戏性的操作中，它在幼儿教育领域中更重要和广泛的延伸与应用也应该引起幼教人士的足够重视。在此，我们以一些典型案例与大家分享经验，并共同开启对幼儿美术教育应用与延伸的思考。

案例 6-2-1 美化装点生活：动脑动手创建美好的环境

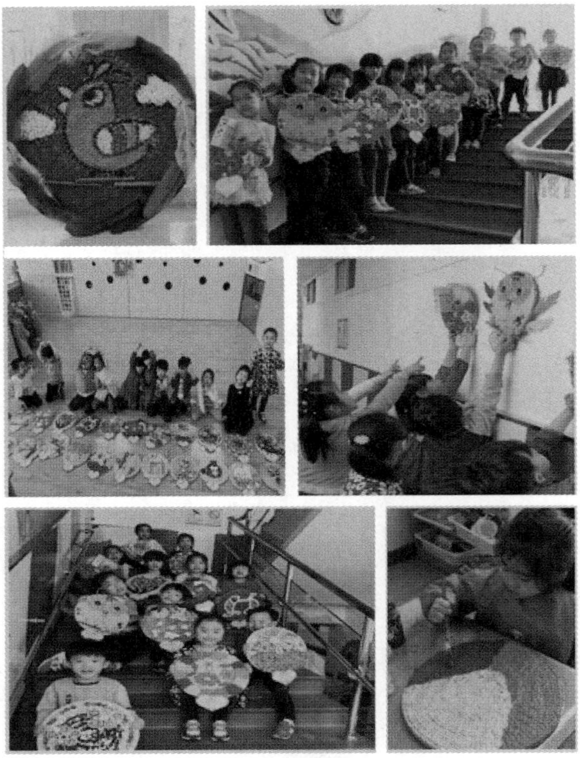

图 6-2-1 美丽的蒲团

幼儿在“拥抱绿色”的环保主题活动中，发现可以将宣传内容制作在草编蒲团上，装饰幼儿园楼道的墙壁，既可以宣传环保，又可以美化环境。通过欣赏和制作，大家既体验了美术活动的操作乐趣，又亲自动手美化了幼儿园的环境。

（案例提供：天津幼师附属幼儿园曹菁老师）

案例 6-2-2　记录与成长：在描绘中看到成长

春天的到来，让幼儿园里的小树也开始抽枝发芽了，老师让孩子们带着画笔，去把小树的样子下来，观察、认知就蕴含其中。在记录小树生长变化的过程中，幼儿画出了一张又一张美丽的图画。最后，摆在一起看一看，一张张图画不仅是小树的生长记录，更记录了我们从简单的线描，到伴有丰富环境的小树的描画过程，画笔记录了幼儿和小树共同的成长。

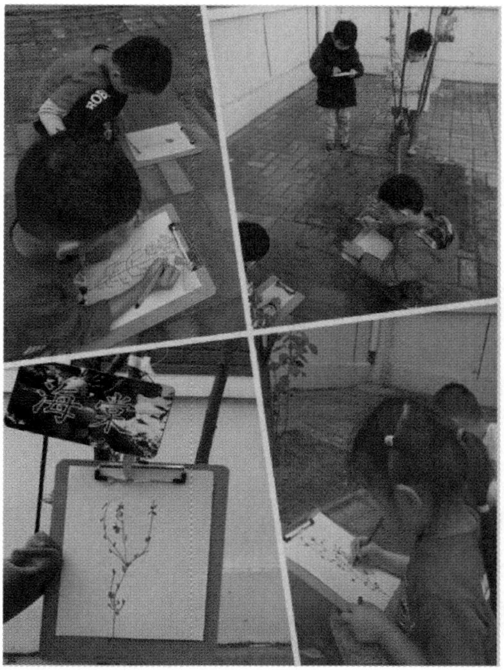

图 6-2-2　记录小树的成长

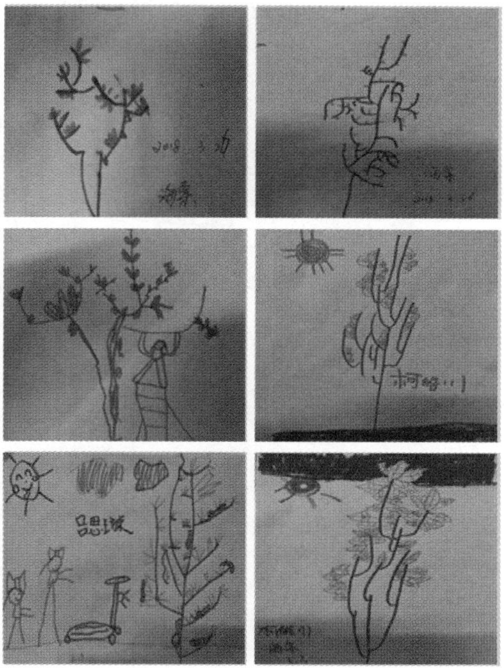

图 6-2-3　幼儿描绘能力的发展

（案例提供：天津大学幼儿园柳爽老师）

案例 6-2-3　愉快的亲子时光：画画是最有爱的陪伴

“我太小了，真的还画不出什么像样子的图画，可是妈妈一点儿也不着急。今天，妈妈给我提供了一个可以自由玩耍涂鸦的环境，鼓励我用自己的小手，拍一拍抹一抹，妈妈夸我真能干！我也觉得自己画得好漂亮呀，太开心太幸福了！感谢妈妈的陪伴鼓励，我爱画画，我爱妈妈！”

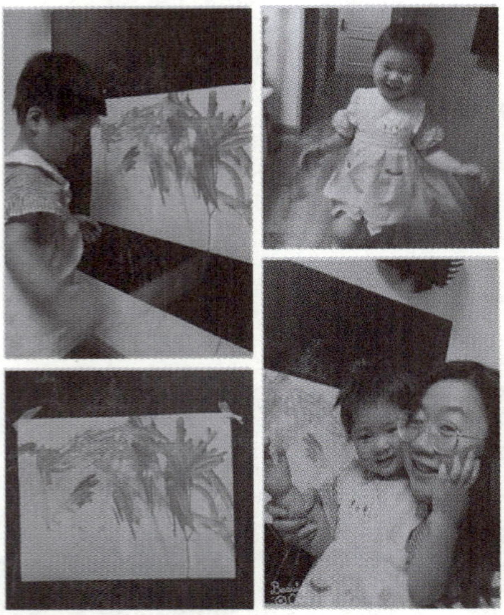

图 6-2-4　快乐涂鸦

（图片提供：天津师大学前教育学院李志华老师）

图 6-2-5　奇妙的影子画

（图片提供：天津师大学前教育学院许丽丽老师）

“晚上，我们玩了影子联想的绘画游戏。方法很简单，关掉客厅的大灯，打开周边的几盏小灯，这样来自不同角度的光，就使物品旁边形成了多个影子。然后，我让孩子画出影子的轮廓，并联想这个影子像什么。孩子觉得小碗的影子像刺猬；插好的乐高影子像龙卷风；自制插片的影子像城堡；笔筒的影子还是像笔筒。孩子乐此不疲地描绘和想象，这样的亲子时光，令这个晚上既充实又愉快！”

案例 6-2-4　真情实感的宣泄：抚慰幼小心灵的良药

图 6-2-6 中的两个孩子，一个是比赛得了好成绩获得了奖励很开心，另一个是比赛输了，没有奖励拿着空盒子很伤心。

在幼儿自主的绘画中，孩子们会特别放松地表现出自己的真实体验和感受。无论是恐惧、伤心还是开心、幸福，都会经由表达与宣泄，获得心灵上的满足。

因此美术也是儿童心理治疗非常好的方式之一。很多有自闭倾向的幼儿，在美术活动中有着很生动和丰富的表达，这也为我们通向他们的心灵，搭建了一座充满色彩的小桥。

图 6-2-6　开心与伤心

第三讲

幼儿美术作品欣赏与解读

欣赏其实是对一件作品的品味与解读，人们会从它的直觉形象外观，作者表达意图，形式语言构成技巧等诸多方面去感知、理解和分析。一件好的美术作品所反映出来的，不仅是单纯的技能操作或简单的欣赏认知，它是个体对人类文明的认识与表达，统整了一定时期背景下的一种文化，也反映着个体对它的理解运用水平，对它进行科学的分析研究，必然会促进个体向更完善的社会人迈进。

同样，美术活动也连接着儿童个体与外界。在美术活动中儿童不是仅在专一的领域里成长，而是在身体、感情、知觉、智慧、美感、心灵等各个方面统合地成长。正常儿童一般在操作与互动中会逐渐使身心向着真、善、美与知、情、意和谐发展的方向迈进，并能逐渐获得一个适应良好的生活。

正因为儿童的绘画与其身心发展密切相关，所以他们的作品中就常常体现出真实的心理需求、发展特点、个性能力，许多研究者都发现了这其中的关系，因此解读儿童画对于了解与帮助儿童来说具有十分重要的意义，也是从事美术教育的成年人走进儿童美术世界的一个捷径。

不同年龄的学前儿童，所做的绘画表达会呈现出丰富多样的内容感觉。以下给大家呈现的是一个具有相对稳定的条件的案例——欣赏、解读同一位小姑娘五六岁时的几幅画，希望通过对她作画背景的描述、画作的赏析，将这个可爱的孩子投射在视觉表达上的多个侧面展示出来，使大家能感受儿童画与儿童心理诉求的点滴线索。开始重视从探索儿童身心发展的角度观照儿童的画，从有趣的心理投射层面接纳和理解儿童的美术表达。

案例 6-3-1 装饰与设计

看看这两张画，它们都是设计画，就是孩子自己做设计师，为她感兴趣的东西设计造型、图案、色彩。

图 6-3-1 装饰与设计

小作者正处于儿童最喜爱装饰画面的阶段，有时他们真应该被冠以“幼儿巴洛克”的名。看画中高跟鞋、围巾的色彩和图案，多令人赞叹，如果有成品，一定有人想即刻拥有。别致餐具的镂空设计，还有彩灯、地毯，无论色彩、图案、结构都设计得很恰当。在绘画中，小姑娘不停地更换画笔的颜色，热情高涨的组合图案，欢快的讲解，只看一看画面，也能想见她对多彩生活的向往和热情。她不仅在画中充分展示了她的装饰才能，而且她的色彩感觉与创作自信，深深地反映出她协调、大胆的心理品质，透过绘画这个窗口，可以感觉到她的智力、情感、能力都是非常优秀的，而这种热情和设计能力也必然源于她的自身品质。虽然是小朋友，却令人钦佩。

案例 6-3-2 诗意的组合

看看这张画，记得是从儿童读物书上学画其中的一只恐龙开始，画中其他的内容都是在讨论时经过她联想后加上去的。

美丽的彩色的门，小房子的装饰图案仍然散发着她的奇思与智慧。虽然画面上的内容很丰富，但是内容之间似乎缺乏联系。

图 6-3-2 诗意的组合

“为什么画这些呢？能给我讲讲吗?”

这绝对是成人的凡事有道理的心态驱使。

“它们当然有关系了，是这样子的……”

她兴致勃勃地讲了起来。

“太阳出来想要和云彩握手，

兔子出来想要进去五彩的门，

恐龙出来想要和小兔子握手，

小鸟出来想要吃树上的果子，

鹤出来想要摘小房子旁的花儿。”

多么富有诗意，又有条不紊的关系。特别是，她是先即兴画出个体内容(有的是创作，有的是仿画)，逐渐以主观经营控制，联络起了布局和谐的整体内容，反映出小姑娘个性与社会性和谐发展的心理状态，这张画再一次充分体现了她对周围环境良好的适应与经营的热情。如同文如其人，画也如其人，其中表现(技巧)是她所受教育与环境的反映，表达(内容)则是她的智慧与能力的流露。

案例 6-3-3 小童车

下面是她的一张水粉画，当时她刚刚兴致勃勃地骑车回来，准备开始画画，骑车兜风意犹未尽的她选择给自己漂亮的小童车画写生。

仅从画面效果看非常的漂亮，是一幅能令成人观者满意的儿童画，而通过细致的分析，我们对这幅漂亮画作的模糊喜爱会变得更加清晰有据，会更倾心于小作者的人格魅力。首先，她给了自行车足够的空间，笔触自信大胆，没有一处悔笔。其次，色彩明快、亮丽而丰富，体现了她对自我的满意度，车子复杂的结构根本没能对她的创作构成干扰，她完全控制了结构，接受自己想要的喜欢的，其他的一律从略了。如果你吹毛求疵，是的，这车子肯定骑不了，但是结构更准确的车，却不一定如此连贯、生动，这也反映出儿童此时情感与理智的发展虽不平衡，却能和谐交汇的水平。

图 6-3-3　小童车

不知道背景是成人要求她画的，还是她自己决定画的。如果是成人要求的，从心理角度可以这样解释："你的车子很漂亮，但是，如果你希望在自我陶醉的同时也获得我的认可，涂上背景，咱们就可以握手！"对完整和效果的追求，常常是成人教导儿童的一个方面，同时也是在教会他们如何适应环境，当然儿童也会自然地在画中表现自己的适应能力与程度，接受、有条件地接受或暂不接受；如果是她自己的选择，那么可以理解为她不仅自我欣赏，而且还有一个非常安全良好的周围环境与之配合。孩子们画中的主体，其实和文学作品中的主角一样，被作者作为表达自我的代言者，因此主体形象常常就是孩子自我的移情对象，而背景的表达也常常体现了他们对自我以外环境的体验与需求。现在透过这幅画，你看到那个自信的、有着良好适应能力的小女孩儿了吗？

案例 6-3-4　恐怖的大蛇

然而，毕竟是孩子，恐惧、烦恼也会经常来到他们的心中，即使是像这个小姑娘一样坚定快乐也难以逃脱。这张画看上去是她在惊叫与求助。

今天是在户外写生，小区户外的空气、草地、鲜花，是一个滋养人心、让人充分放松的好环境。然而，小姑娘的第一张画却如此不相协调。没等问，她边画边讲："这是我在草地上看到的大蛇，好可怕，好可怕，就在那边的草地里，我再也不去那边玩了！"她的哥哥笑话她胆小，并说只是一条小蛇罢了，她很生气，"不！

图 6-3-4　恐怖的大蛇

是一条大蛇！好可怕！”

其实那是一条小草蛇，大概是随草皮一起被移到了城市的绿地，很短小，舌头是黑色的，除了形象有些骇人，对人基本是没有攻击性的。再看这张画，完全是夸大了其骇人程度，已经是借助表现内容表达自我的恐惧了，黄色的大眼、血红的舌头，粗壮的身体，深重的色彩。我似乎听到了她的尖叫，整个环境也都暗了下来，她在寻求光与安慰。

此时成年人可以说些什么或做些什么来安慰她，不过仅画此画也会释放掉小姑娘对蛇的部分恐惧，她借用绘画作为形象的表达工具，向观者诉求安慰与理解，在被回应的同时，达到了诉求的目的。如果听她谈论，和她讨论独自放逐城市的小蛇的心情，并画一些彩色、有趣的小蛇来引导她走出不安，或者丰富背景内容、色彩，就等于“光明的使者”，安慰她，教她对未知采取探究、理解和适应态度。

案例 6-3-5　很多太阳

这是一张最令人震撼与兴奋的画，也是很值得珍藏的，是小姑娘在刚刚学习架上水粉时的一幅创作，我为它起名为“很多太阳”，看看这幅作品吧，体会一下它带给你的感受。

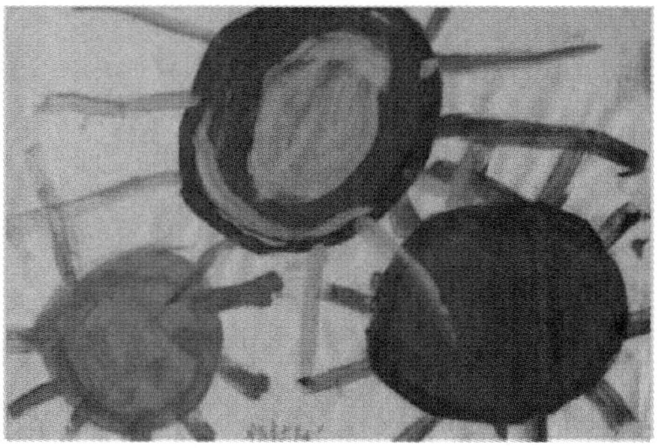

图 6-3-5　很多太阳

太阳是最令人振奋、愉悦的选题，一个太阳就足以令人心中充满灿烂与光明，而小姑娘却痛快淋漓地一挥而就三个太阳，使人不禁想起《后羿射日》中天上有十个太阳的传说(儿童——人类个体幼年的表达，和原始人——人类整体幼年的表达如此相似)。这幅画对于儿童来说，不过是游戏性地组合最熟悉和擅长的表现内容，而对成人来说无论构图还是题材，却都是望尘莫及的，因为理性很难允许我们将太阳一再复制。画中每个太阳的色彩形态简单又各具特色，令人不禁思量，怎样强的能量才能支持产生如此的作品，她一定是相当的快乐、安全、自由，才会有如此的释放吧。即使现在，它的视觉冲击对每一个生命体都会有很强的影响。看了她的这幅作品，真是一点都不用为她的成长担心，相信她心中的能量与光明不仅能自助，甚至能照亮周围，给大家带来足够的快乐、热情与色彩，一如画中的三个太阳。

美术活动本身就是一种身心与外界交流的创作活动，儿童的美术作品，折射出客观存在的现实世界，也掺杂了自身的情感，是儿童展示自我、宣泄不满、获得心理平衡的途径。在这里没有严格的对错好坏，它使得个人的表达表现被尊重与理解，成为儿童自我梳理，或与他人安全沟通的方式之一，从而促成儿童能更和谐地与人相处。

著名美术教育家里德就曾经说过："各类型的儿童，甚至有写实表现天才的儿童，不是用他们的画来表现知觉形象，也不是用它来表现被固锁的情感，而是用它作为一个探子，自发地伸向外在世界，起初是试探，但能成为个人适应社会的主要因子。"在这一主题上，早在几千年前，人类先哲柏拉图也表达过他深信的主张，"艺术是唯一能渗进灵魂深处的工具"。

通过如此众多的优越性，我们应该不难体会，美术帮助儿童向着健康完整的人迈进的意义，同时也要意识到，对于年幼儿童的教导者来说，如果能科学地驾驭儿童的美术活动，明了艺术之于儿童的种种深意，将会有助于儿童成长。作为教育者，关注儿童心理与表达的对应性，重视视觉表达与幼儿身心发展的内在联系，是我们借助艺术活动与儿童有效沟通的桥梁。这是一个刚刚开始的主题，还需要我们多层面地积累，连续发展地观测，需要我们每个人的努力投入，并不断地去建造与完善。

本单元要点

1. 尊重与爱是幼儿美术教育的前提：在任何领域，每一个个体都会表现出不同的水平，在绘画领域也是这样。尊重的心态一定要有，画得好的孩子谁都喜欢，画不好的孩子更需要你的关怀与理解。

2. 在美术活动中关注幼儿的身心成长：好像是学画画，其实是在学做人，不同的儿童需要学习的内容也不同，仅仅从形象、色彩、构图这些形式上的学问入手远远不够，发现埋藏、负载在画里以及作画过程中的人性，发现有趣的性格、心理、需求才是美育活动的意义所在。

3. 关注幼儿美术的延伸与应用：幼儿美术教育，其意义不仅仅体现在我们为幼儿设计和开展的幼儿美术活动中，也体现在幼儿审美思维与心理成长，幼儿生活及其方方面面中。

学以致用

1. 根据环境与条件，将自己设计的美术教学内容在实习中进行教学实践，并写下教学实践笔记。

2. 收集与记录在幼儿活动中的美术教育相关案例，完成一个配图的案例描述与分析。

3. 尝试对所教学或了解的幼儿美术作品进行欣赏性解读与分析。

后　记

为适应学前教师教育发展的需要，我们从 2011 年开始研究和编写这套学前教师教育系列教材。2012 年陆续完成第一轮编写和出版，2016 年基本出齐。随后，我们根据教育部印发的《教师教育课程标准(试行)》和《中小学和幼儿园教师资格考试标准及大纲(试行)》，分析了教材使用情况，调研了毕业生参加幼儿园教师资格证考试和就业之后的情况，从 2018 年开始对本套教材进行修订，到 2021 年基本完成。本套教材包括本科、三年制和五年制高专 3 个系列。每个系列又包括综合素质类课程(不含思政课)、教育类课程、艺术类课程。作者来自 40 余所开设有学前教师教育类专业的高中专骨干院校，共计 473 人；主审专家来自 26 所本科院校和科研院所，共计 42 人。全套教材设立了编委会，总编为彭世华，副总编为皮军功、郭亦勤，成员为开设有学前教师教育专业的高中专骨干院校领导和专业负责人。特别感谢庞丽娟教授对本套教材编写和审定工作的精心指导与专业引领。

本套教材修订过程是与对学前教师教育的系统研究结合进行的。全体编写人员认真学习了教育部颁布的《3～6 岁儿童学习与发展指南》《教师教育课程标准(试行)》《幼儿园教师专业标准(试行)》《中小学和幼儿园教师资格考试标准(试行)》《普通高等学校师范类专业认证实施办法(暂行)》等文件精神，充分吸纳学前教师教育学科的新成果，改革课程设置、调整教学内容，进一步提高教材的科学性、时代性和丰富性，以适应学前教师教育发展的迫切需要。

为确保教材的编写(修订)质量，全体编写人员严格按照“研制人才培养方案→确定册本→研制大纲→讨论修订内容→确定体例和样章→撰写初稿→主编审核反馈→修改二稿、三稿→主编统稿→主审审稿”的程序进行，完善了综合素养类课程、教育类课程以及艺术类课程的课程设置，梳理确定了各课程知识点，对课程学时进行了科学安排。

北京师范大学出版社出版教育类教材。包括本、专科共用的《学前儿童发展心理学》《学前教育概论》《学前儿童卫生保健》《幼儿游戏与玩具》《幼儿园课程》《幼儿健康教育与活动指导》《幼儿语言教育与活动指导》《幼儿社会教育与活动指导》《幼儿科学教育与活动指导》《幼儿数学教育与活动指导》《幼儿音乐教育与活动指导》《幼儿美术教育与活动指导》《幼儿园班级管理》《学前教育研究基础》《幼儿园教师道德修养与专业发展》《幼儿园教育技术》。

高等教育出版社出版综合素养类教材，包括三年制、五年制专科共用《信息技术》《幼儿教师口语》《幼儿美术赏析与创作》；三年制高专《大学体育》《美术基础》；五年制高专《美术》《历史》《地理》《数学》《物理》《化学》《生物》《体育》；五年制高专《英语(一、二、三、四)》；三年制、五年制高专共用《英语(五、六)》。

语文出版社出版综合素质类语文课教材，包括三年制、五年制高专共用《大学语文(上、下)》《幼儿文学(上、下)》；五年制高专《语文(一、二、三、四)》。

上海音乐学院出版社出版艺术类教材，包括三年制、五年制高专共用《基本乐理》《视唱练耳(上、下)》《音乐赏析》《儿童歌曲钢琴即兴伴奏》《幼儿歌曲弹唱》《幼儿歌曲赏析与创编》《幼儿舞蹈创编与赏析》；三年制高专《钢琴基础(上、下)》《声乐基础》《舞蹈基础》；五年制高专《钢琴(一、二、三)》《声乐(上、下》《舞蹈》。

为支持教师使用本套教材，各出版社还建设了相应的教学资源。编委会认真开展教学研究，并不断征求教材使用意见，定期开展教材修订。为服务教师教学与学生学习，编委会组织研发了学前教师教育课程试题库、《幼儿园教师资格证》考试复习试题库和在线课程，详见“幼学汇”网站(www.06yxh.com)。

《幼儿美术教育与活动指导(第2版)》在北京师范大学出版社出版的《幼儿美术教育》一书的基础上修订而成。本书由天津师范大学王麒、上海行健职业学院侯素雯主编。具体编写分工如下：绪论、第一单元、第五单元、第六单元由天津师范大学王麒编写；第二单元由上海行健职业学院侯素雯、天津师范大学王麒、吴宁编写；第三单元任务一、第四单元任务一、第五单元任务一由聊城幼儿师范学校薛娟编写；第三单元任务二、任务三由合肥幼儿师范高等专科学校陈雪林、贵阳幼儿师范高等专科学校李文菊、董雯、保定幼儿师范高等专科学校刘大林编写；第四单元任务二、任务三由长沙师范学院刘洋、湖南幼儿师范高等专科学校梁英、阜阳幼儿师范高等专科学校姜楠楠、铜仁幼儿师范高等专科学校彭朝风编写。本教材的配套视频录制由天津师范大学付胤、付昂，合肥幼儿师范高等专科学校陈雪林、天津大学幼儿园牛众卉、保定幼儿师范高等专科学校刘大林负责。王麒负责教材的文本和配套视频的统稿工作，侯素雯负责组织教师资格证考试配套练习试题的编写工作。彭世华、李家黎、喻韬文参与了前期总体规划和编写组织工作。

本套教材编写和修订过程中得到了许多专家的帮助和指导。编者参阅了有关幼儿教师培养方面的资料，因各种原因无法联系到原文作者，未能一一注明。在此，谨向原著作者表示诚挚的谢意。

由于时间紧张，加上编者能力水平有限，书中难免存在不足之处，恳请各位读者批评指正。

学前教师教育系列教材编写委员会